880日で作る
140キロ投手育成論

塚原謙太郎
健大高崎・花咲徳栄野球部ほかアスレティックトレーナー

竹書房

はじめに

山梨学院高の優勝で幕を閉じた２０２３年春のセンバツ甲子園。各校が初戦を終えたあと、日刊スポーツに「１４０キロ以上を計測した投手は22人。昨年の12人を大幅に上回った」という記事が掲載されていた。初戦に登板した投手は計69人。そのうちの約３割が、１４０キロを超えたことになる。

かつて、それこそ10年ほど前までは、高校生が１４０キロを記録したら、「ドラフト候補」として騒がれたものだが、今はレベルが違う。１５０キロを投げることでさえ、珍しいことではなくなり、球速のベースが段違いに上がっている。トレーニング器具の進化、トレーニング理論の発展、複数投手の育成、投球障害に対する理解が進んだことなど、さまざまな要因が考えられるだろう。

１５０キロを投げるには生まれ持った才能や、ある程度の身長も必要であるが、１４０キロであれば努力で目指せる時代になった。そう言えるのではないだろうか。「自分は速い球を投げられないから」と思っている高校生もいるかもしれないが、自ら限界を決めることほどもったいないことはない。

投手は、自らが主となって動けるポジションだけに、トレーニングに正しく取り組めた場合には、その成果がパフォーマンスに表れやすい利点がある。努力と成果の関係性が見えやすい。近年、高校生の球速が上がっているのは、このあたりも関係しているのではないだろうか。

一方で、打者は投手のボールにタイミングを合わせなければいけないため、受動的なポジションと言える。たとえ、どれだけスイングスピードが上がったとしても、それが打率につながるかというと、そう言い切れない難しさがある。

私、塚原謙太郎はアスレティックトレーナー（トレーニングコーチ）として、高校野球を中心に選手の身体作りをサポートしている。春夏9度の甲子園出場を誇る健大高崎高（群馬）や、2017年夏に全国制覇を果たした花咲徳栄高（埼玉）のほか、全国に複数校を受け持つ。健大高崎は、2002年に創部した頃から、大学の先輩でもある青柳博文監督に声をかけていただき、トレーニングに関わり続けている。埼玉西武ライオンズで正捕手争いを繰り広げる健大高崎OBの柘植世那捕手や、中日ドラゴンズで勝利の一角を担う花咲徳栄OBの清水達也投手ら、10人近い教え子がプロの世界で奮闘中だ。

2020年5月には、初の書籍となる『甲子園強豪校の880日トレーニング論』（小社刊）を出版し、現場の指導者や現役の選手から「写真や動画も見ることができて、非常にわかりやすい」と嬉しい感想をいただいた。「高校2年半＝880日」と設定し、トレーニングに取り組む意味や、ドリルの意図をひとつひとつわかりやすく丁寧に解説している。

前著は、野球選手としての総合的なパフォーマンスを上げるためのトレーニング方法に焦点を当てたが、今回は「投手育成」に絞った。

なぜなら、交流の深い指導者から、「投手のトレーニングメニューを教えてほしい」「球を速くするためにおすすめのトレーニングはありますか?」と質問を受ける機会が増えたからだ。選手たち自身も、「球速アップ」には一番興味があるところで、「速い球を投げたい」という願望は誰もが持っている。

どうすれば、速い球を投げられるのか――。

本書では、「努力で届く数字」として、「140キロ」をひとつの目安に定め、その考え方やトレーニング方法を紹介していきたい。今回も、「高校2年半=880日」の過ごし方をベースに置きながら解説していく。前著と合わせて読んでもらえると、より理解を深めていただけると思う。


私自身の現役時代を振り返ると、高校時代は甲子園とは程遠い都立の高校で投手(左腕)を務めていた。

入学時に178センチ65キロだった身体は、2年半で181センチ80キロにまで成長し、108キロだったストレートの球速は135キロにまで上がった。「最速108キロ」で入部しておきながら、根拠のない自信だけは持っていて、プロになることしか考えていなかった。都立高校を選んだのは、専門的な指導者がおらず、自分自身で考えて練習ができることが一番の理由だった。「やらされる練習」よりも、「主体的に取り組む練習」のほうが、自分を伸ばせると15歳なりに思っていたのだ。

主に取り組んだことは、家から学校までの片道14キロの道のりを走ることと、ウエイトトレーニングの本を読みあさり、身体を鍛え上げたこと。グラウンドの脇に落ちていた、錆びついたプレートやシャフトを集めて、黙々とトレーニングに励んだ。ブルペンがない学校だったため、ルールブックを片手に、自らブルペンを作った思い出もある。

さらに、学校に弁当をふたつ持って行き、2時間目までに完食。昼には購買部でパンを買い、部活が終わったあとにはコンビニに寄って、エネルギーを補給。食事に関する知識のない中で、食べることに徹底的にこだわり、栄養とエネルギーが枯渇する時間を極力なくすようにした。

高校時代、指導者から何かを強制的にやらされた記憶はほとんどない。当時の私には、この環境が素晴らしく合っていた。

今の知識があれば、もっと効率的で賢いやり方があったかもしれないが、それは大人になったからこそ思うこと。高校生の自分としては、うまくなるために最大限の時間と力を注いだ自負がある。練習に本気で取り組めば、その分だけパフォーマンスは上がる。それが、高校3年間の学びだった。

卒業後は東北福祉大、日本生命と進んだが、社会人で左ヒジを痛めた影響もあり、28歳のときに現役を引退した。社会人屈指の投手層を誇る日本生命に入社したことで、「もっとレベルを上げないと公式戦で投げられない」と思い、知らず知らずのうちに焦りが生まれ、精神のバランスが乱れるとともに、投球フォームまで崩れてしまった。大学で140キロを超えていたストレートは、「打たれてはいけない」「フォアボールは出せない」という重圧がのしかかり、130キロにまで落ちていた。こうしたすべての経験が、アスレティックトレーナーの道を志すきっかけになっている。


トレーナーとして活動する中で、私がもっとも大事にしているのは、「障害予防」と「パフォーマンス向上」の両立である。ケガをしない身体作りをすることが、パフォーマンスを上げることにつながる。股関節や肩甲骨、胸郭の柔軟性を養い、体幹を中心とした筋力を強化し、各関節の連動性を身に付ける。下半身で生み出したエネルギーを、体幹、上半身、指先に伝えていくことが、球速アップにも結び付いていく。

極論を言えば、高校入学当初からウエイトトレーニングで身体をガンガン鍛えていけば、球速は上がることがある。ただし、筋力に頼った力任せの投球になると、肘や肩にかかる負担がどうしても大きくなる。どれだけ速い球を投げられるようになったとしても、肘や肩を痛めてしまっては、投手としての寿命を縮めるだけである。

『880日で作る140キロ投手育成論』のタイトルとの矛盾を感じるかもしれないが、速い球を投げることさえできればいいとは決して思っていない。そもそも、速い球を投げたからといって打者を抑えられるわけでもない。投手が試合でやるべきことは、スピードガンコンテストではなく、目の前の打者を打ち取り、チームを勝利に導くことである。独りよがりのピッチングであってはならない。

高校時代に大事なことは、正しい身体の使い方を覚え、その土台の上に筋力を付けていくことである。正しく使えるようになれば、必然的に理に適った投げ方になり、コントロールが安定し、球速も上がり、8割の力で長いイニングを投げられるようになる。球速の観点で見れば、大事なことは「MAX」ではなく「アベレージ」。MAXに目がいく気持ちも十分にわかるが、常に100パーセントの力で投げ続けていたら、身体的にも精神的にも強い負担がかかってしまう。

本書では、投球と送球の違い、理想の投球フォームを手にするための身体の使い方、高校生におすすめのウエイトトレーニング、練習プログラムの組み方、投手に必要なマインドなど、さまざまな視点から投手育成のポイントを解説している。前著同様に、読者のみなさまに理解を深めていただくために、動画での解説も加えているのでぜひ活用を。投手の成長をサポートする一冊になれば幸いである。最後のページまで、お付き合いよろしくお願いします。

目次

第1章 投動作を極める

第2章 最大並進運動を極める

骨盤周りのストレッチ

軸足を踏んで立つ感覚を養う

股関節周辺のストレッチ

第3章 回旋運動を極める

回旋力を高めるトレーニング

第4章 上半身の動きを極める

捻転トレーニング

肩甲骨・脇腹のストレッチ

背骨のストレッチ

リリースの感覚を掴む

第5章 ウエイトトレーニングを極める

BIG3

投手に適したウエイトトレーニング

第6章 プログラムを極める

ストレッチメニュー

第1章

投動作を極める

投動作とは
「ボールに方向とスピードを与え、空中に発射させる運動」

第1章では、「ボールを投げる」とはそもそもどういう動作なのか、解説していきたい。全体像を摑んでもらったうえで、第2章以降で理想の動きを習得するためのトレーニング方法を詳しく紹介していく。

「投動作」を言葉で表現するとしたら、「投擲物（ボール）に方向とスピードを与え、空中に発射させる運動」と定義付けることができる。

少々回りくどい表現になるが、カギになるのは「方向」と「スピード」だ。

特にピッチングにおいては、「18・44メートル先のストライクゾーンに投げ込む」という絶対的な条件が発生する。どこに投げてもいいのであれば、どの投手ももっと球速が上がるが、ピッチングとはそういうものではない。狙った「方向」に投げるコントロールが求められるのだ。

内野手や外野手であれば、基本的に野手が捕れる範囲に投げることができれば、プレーは成立する。「だいたいそのあたりのコントロール」でも通用するのが野手。ショートバウンドを投げたとしても、ファーストがカバーしてくれればアウトは取れる。しかし、投手の場合はそうはいかない。これが、ピッチングをより難しいものにしている。

スピードに大きく関わってくるのが、腕の振りの速さである。腕を振る速度が100キロにもかかわらず、投球速度が140キロに達することなど、科学的には考えられないことだ。140キロのストレートを投げたければ、それ相応の腕の振りの速さが求められる。

だからといって、全力で腕を振ればいいかと言えば、決してそうではない。

「腕を振れ!」という指導者の声かけをよく耳にするが、腕は〝振るもの〟ではなく、〝振られるもの〟である。下半身から生み出したエネルギーが、体幹から上半身、そして最後に腕や指先にまで伝わることで、勝手に振られていく。「自らの力で腕を振ろうと思っているうちは、140キロの球速は出ない」と、理解しておいてほしい。

「送球」と「投球」の違いは「プラス発進」か「ゼロ発進」

野手が投げる球は「送球」(スローイング)、投手が投げる球は「投球」(ピッチング)と表現される。

野手の投げミスは「悪送球」で、投手の場合は「暴投」となる。打球を処理した投手が、一塁に高投した場合には、「悪送球」。つまりは、守備者となった時点で、「投球」ではなく、

「送球」に変わる。

では、動きのメカニズムで考えたときに、送球と投球の違いはどこにあるのだろうか。

もっとも大きな違いは、投手はステップが踏めないことだ。たとえば、内野手であれば、打球に合わせて足を運び、捕球後もフットワークを使ってファーストに送球する。捕球時の体勢が悪ければ、足を使って立て直すことができるのだ。地肩が強くない選手であっても、足で勢いを生み出すことによって、強い送球をすることが可能となる。

投手はどうか――。

言うまでもないことだが、プレートに軸足を着けた状態から前足を踏み出し、一歩でエネルギーを生み出さなければいけない。野手のように助走を付けることができないのだ。言い換えれば、静から動の「ゼロ発進」が投手で、動から動の「プラス発進」が野手。肩の強い外野手がマウンドに上がったときに、思ったほど球速が出ないことがあるが、これは静止した状態からの力の出し方に課題があると考えられる。

18・44メートル先のコントロールも、この一歩の方向性、つまりは下半身の使い方によっておおよそ決まっていく。踏み出す方向性がずれていれば、コントロールがずれるのも当たり前のことだろう。

ボールを投げることは同じであっても、そのメカニズムには大きな違いがあることを頭に入れておいてほしい。

球速アップのカギは「最大並進運動」

ボールを投げる動作は、並進運動（体重移動）と回旋運動の組み合わせによって行われる。投手の場合は、「捕手方向に真っすぐ進む動き」と、「前足の股関節を基点にして身体が回転していく動き」と、表現することができる。

野手の送球は並進運動が小さく、回旋運動が主となる。真っすぐ進む動きが小さくても、フットワークでエネルギーを生み出すことができるからだ。状況によっては、肘から先のしなりを使ったスナップスローでも対応ができ、並進運動に頼る必要がない。

一方、投手の投球は「並進運動が命」と言ってもいいぐらい、大きな役割を果たす。一歩の踏み出しで大きなエネルギーを作るには、並進運動こそが重要なカギを握る**（写真❶）**。

プロ野球で活躍する一流投手に見られる共通点は、並進運動がじつに長く、横を向いている時間が長いことだ。右投手であれば、自分の胸が三塁側に向いた状態で、捕手方向に移動ができる。日本を代表する投手である山本由伸投手（オリックス・バファローズ）や佐々木朗希投手（千葉ロッテマリーンズ）はお手本のような並進運動を実践しているので、三塁側からの映像や写真を見てほしい。打者から見たときにも、身体全体が〝ググッ〟と迫ってく

❶

投球は「並進運動が命」

るような圧を感じるはずだ。

感覚的な表現でたとえるのなら、野手の送球は「イチ、ニ、サン」であるが、投球は「イチ、ニー、ノー、サン」となる。足を上げてから、捕手方向に身体を〝グーッ〟と進めていく動きが入ってくる。いわゆる、「間（ま）」とも表現される動きだが、この間があるからこそ、強い球を放ることができる。

私は、理想的な並進の動きを、「最大並進運動」と名付けている。胸を三塁側に向けた状態（左投手は一塁側）で、捕手方向にどれだけ真っすぐ移動することができるか。もちろん、その後の連動を無視して、やみくもに大股で進めばいいわけではない。次の回旋運動につながるための並進運動を実現できれば、おのずと球速は上がっていく。

最大並進運動を手にすれば回旋運動は自然に起きる

投球動作は、並進運動と回旋運動の組み合わせによって成り立つ。

と、説明したが、極論を言えば、「最大並進運動を手に入れることができれば、回旋運動は勝手に起きる」と、私自身は考えている。

なぜなら、「ボールを投げたい」という意識さえあれば、どんな投手でも本能的に身体を回して、腕を振ろうとするからだ。特に、「ストライクを取りたい」と思うほど、胸を早く開いて、正面を向いて投げようとしがちだ。

ダーツを思い出してほしいが、的を狙うときには、自分の胸を正対して構えるのが普通である。このほうが、両目で的を見ることもできるため、コントロールが付けやすい。すなわち、コントロールだけを考えれば、胸を早めに開いたほうが狙いやすい。

それでも、投手がわざわざ横向きの体勢から投げ始めるのは、最大並進運動のエネルギーを生み出すため。横向きに進むことで、身体が回転していくときに、「捻転」とも言われる捻りの力を得ることができる（「捻転」については第4章で詳しく）。並進運動は投手というポジションの特殊技術でもあり、「並進運動の良し悪しがボールの質を決める」と言っても過言ではないだろう。

最大並進運動のカギは軸足の使い方にあり

さらに細かい話をすると、「並進運動＝軸足の使い方によって決まる」と言い切ることもできる。

なぜなら、軸足一本で立ってから捕手方向に移動していくとき、身体をコントロールできるのは地面に着いている軸足しかないからだ。地面から力を得られるような軸足の使い方ができれば、最大並進運動を手にすることができる。

私が投手を見るときには、軸足の膝の使い方に着目することが多い。足を上げてから並進運動に入るときに、軸足の膝が三塁側に折れたり（右投手の場合）、捕手方向に〝くの字〟のように倒れたりすると、地面からもらえるはずのエネルギーがそこで途切れてしまうのだ。

本来、下半身から生み出したエネルギーを指先にまで伝えたいところが、エネルギーが途切れた瞬間に、その流れが止まることになる。「膝を送りなさい」という指導方法が、間違った受け止められ方になっているのでは……と推測する。膝が折れてしまう、いわゆる「ニーイン」（くの字）の体勢になると、並進運動時に尻が落ちやすく、その結果として利き腕側の肩が下がりやすい（**写真❷**）。これは、肩や肘に負担がかかる投げ方で、投球障害のリスクが高まってしまう。

感覚的な表現になるが、できるかぎり〝膝が立った〟体勢で並進運動に入ってほしい（**写真❸**）。軸足はあくまでも「軸」なので、足の裏でしっかりと踏み込み、股関節から力を伝えるイメージだ（**次ページ写真❹**）。

この動きを習得するには、骨盤や股関節の

軸足の膝が折れることで、
利き腕側の肩が下がる

“膝が立った”体勢で
並進運動に入るのが理想的

柔軟性と連動性が必須となる。開脚で足を横に開けない投手が最大並進運動を求めたとしても、可動域の問題で必ず限界が訪れる。

さらに、開脚とともに重要になるのが、伸脚の動きだ。伸脚のときに、股関節ではなく、膝で身体をコントロールしてしまう投手は、投球時も膝が内側に入りやすく、最大並進運動を行うのが難しい。このあたりの詳しいメカニズムは第2章で紹介していきたい。

正直、軸足の動きをマスターできれば、投球動作の8割方は完成すると考えている。それぐらい重要な動きを担う。

❹

軸足の裏で地面を踏み込み、
股関節から力を伝える

この並進運動が不十分な状態で、身体が回り始めてしまうことを、「開きが早い」と定義付けることができる。並進運動が小さい投手は、次の回旋運動も弱くなってしまうため、結果的に腕の振りのスピードが遅くなる。いわば、投球フォームにおける助走の部分であり、この助走がうまくいかなければ、その後の動きが遅くなることは容易に想像できるだろう。

投球障害の予防にもつながる「連動性」

さきほど、「連動性」というキーワードを用いたが、本書の中で何度か出てくるのでその意味を説明しておきたい。

大人の身体にはおよそ200個の骨、約265箇所の関節、そして関節をまたぐように600個ほどの筋肉がある。自分の意思で動かせる随意筋もあれば、臓器のように無意識に動く不随意筋もある。

では、みなさんは、どれだけの骨、関節、筋肉をスムーズに使えているだろうか?

誰も明確には答えられない質問ではあるが、一流のアスリートになればなるほど、数多くの骨、関節、筋肉を連動させて、高いパフォーマンスを発揮しているのは間違いない。

人間の身体は、末端に行けば行くほど器用に動き、どうしてもそこに頼ろうとしがちだ。

ボールを投げることも、肘から先のスナップスローである程度の距離を投げることはできる。しかし、強く速い球を投げるには、身体の中心部から動かさなければいけない。その中心となるのが骨盤であり、股関節となる。

仮に、骨盤の動きが悪い場合、股関節や膝関節、足首に運動制限がかかり、本来持っている柔軟性を生かせなくなることも多い。身体のどこかで〝動作不良〟が起き、身体の機能が低下してしまう。

それでも、人間には「代償動作」という素晴らしい機能が備わっていて、骨盤の動きが悪ければ、ほかの関節で何とか代用しようとする。だから、まったく動けなくなるわけではない。しかし、どこかをかばえば、特定の部位に負担がかかりやすくなり、それがケガにつながってしまうリスクが生まれる。

軸足を踏んで立つことからスタート

最大並進運動を生み出せるかどうかは、軸足での立ち姿勢からすべてが始まっている。

プロ野球選手による技術書などを見ると、「まずは立つこと。立った姿勢がぶれると、コントロールがぶれてしまう」といった解説を目にすることが多いが、まさに同感である。ピッチングのスタートポジションであり、〝始まり〟がいつも違えば、ゴールとなるリリースの位置がずれるのは当然のことであろう。

立ち方に関して、私が重視しているポイントは次のふたつだ。

ひとつめは、前足を上げることで立つのではなく、軸足で地面を踏む力を利用して立つこと。軸足を踏み込めば、逆足はその反動で上がってくる。「地面反力」とも表現されるが、地球の力を最大限に活用する（**写真⑤**）。わかりやすく言えば、軸足の踵を小さく浮かして、

⑤

「地面反力」を最大限に活用する

プレートを〝グン！〟と踏むようなイメージだ（ただ、高校野球の場合、この動きがボークになることもあるので要注意）。踵を浮かさなくても、踏む感覚を得ることはできるので、キャッチボールの段階から意識をしてみてほしい。

外から見たときの立ち姿勢は同じように見えたとしても、投手本人の感覚はまったく違う。軸足の股関節周りから足裏まで、力を感じた状態で立てるかどうか。軸足で立って終わりではなく、立つことがスタートであり、この立ち姿勢の良し悪しが最大並進運動に大きく関わっていく。

母指球ではなく薬指側で立つ

ではポイントのふたつめ。軸足で立つときに、足の裏のどこに重心を感じたほうがいいか。「もっとも力が入りやすい」という理由からか、「母指球に重心を乗せなさい」という指導を耳にするが、私自身は「中指・薬指から踵にかけたラインを意識したほうが、立ちやすく、並進運動にも移りやすい」と考えている（**写真❻**）。

母指球に重心を感じると、並進運動に入る際にどうしても膝が捕手方向に入りやすくなるのだ。感覚的には、足裏の薬指側から人差し指、親指側のほうに徐々に重心を移しながら、並進運動に入っていくほうが、膝が立つ感覚を得やすいのではないだろうか。

勘違いしてほしくないのは、足の裏全体に圧をかけながらも、気持ち的にはアウトエッジに重心を感じておく、という意味だ。薬指側に乗せることばかり意識して、頭が軸足の外側に外れると、力が逃げてしまうことになる。

なお、バランス感覚を養うために、不安定なバランスディスクの上で立つトレーニングを見るが、あまりおすすめしない。「倒れたくない」とじっと耐える力を養っているようなもので、ピッチングの動作にはつながりにくい（子どもたちが遊び感覚で使ったり、足首を捻挫したあとのリハビリ等に活用したりするのはOK）。足裏と地面が接地していないことは、実際のピッチングではありえないことで、軸足で踏み込む感覚を得にくいのではないだろうか。

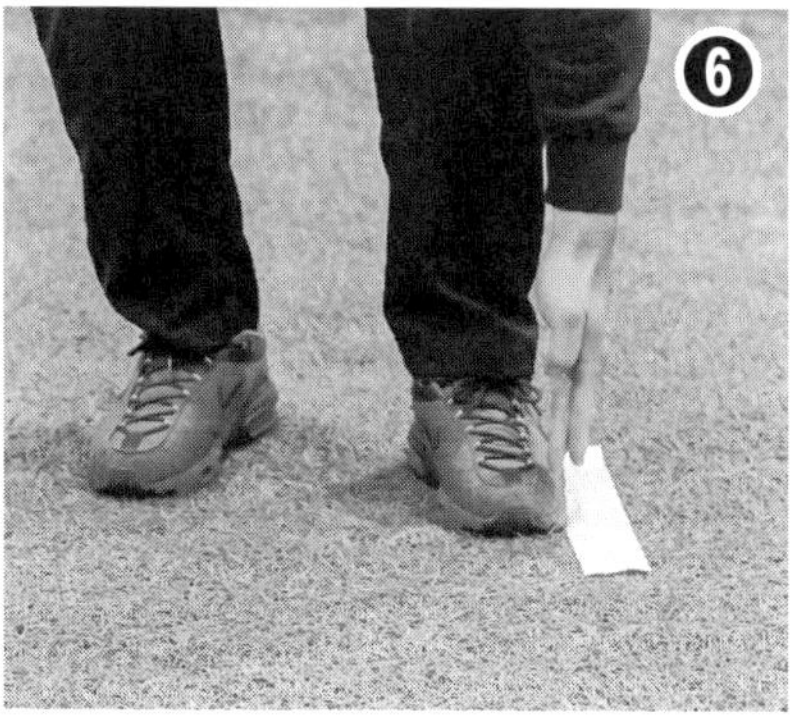
中指・薬指から踵にかけたラインを意識して立つ

投球は片足から片足への運動

投球は、片足（軸足）から片足（前足）への並進運動が主になる。

言い換えれば、片足で身体をコントロールできるバランス感覚や体幹の強さがなければ、速い腕の振りは実現できない。バランスを保つ能力があっても、下半身と上半身をつなぐ役割を果たす体幹部が弱ければ、指先にまで力を伝えていくことは難しくなる。

第4章で、体幹トレーニングについて紹介しているが、私自身、「最高の体幹トレーニング」は走ることだと考えている。片足から片足への連続運動であり、片足で接地するたびに無意識のうちにバランスを取っている。

接地のたびにバランスが崩れている選手は、投球動作においても同様のことが起きていることになる。ピッチングは1球で終わるわけではなく、1試合で120球近く投げることも珍しいことではない。片足から片足への並進運動を120回繰り返すと考えれば、それに耐えられるだけの関節の柔軟性や身体の強さが必要であることは想像がつくだろう。

近年、「走ることに意味があるのか？」という議論をよく耳にするが、私は「大いにある！」と声を大にして言いたい。ただし、短距離、中距離、長距離と、走る距離やメニューの組み方によって、その効果は変わってくる。そのあたりを十分に理解したうえで、何をチョイスするか。第6章の解説をぜひ参考にしてほしい。

前足のブレーキング動作があるからこそ球速が上がる

「回旋運動は勝手に起きる」と記したが、それには絶対的な前提条件がある。

「前足のブレーキングが働いてこそ、身体は回っていく」

たとえが不謹慎で申し訳ないが、時速100キロで走っている車が急ブレーキをかけると、シートベルトをしていない運転手は、エアバッグがなければフロントガラスを突き破らんばかりの勢いで、前方に投げ出されてしまうだろう。ブレーキングが強ければ強いほど、投げ出される勢いも強くなるはずだ。

この運動原理を投球フォームにあてはめると、前方へ走るスピードが並進運動で、ブレーキングが前足の踏み込み、投げ出される身体が腕の振りとなる（次ページ写真❼）。

強く速い腕の振りを実現するには、安定した踏み込みが必要で、ここで膝がぐらぐらと揺れるようであれば、その上にある上半身の動きもぶれることになる。いわば、ピッチングマシンの土台部分が毎回ぐらついているのと同じことだ。打者にしてみると、これほど怖いマシンはないだろう。

たいていの投手は、軸足に比べると、踏み込んだ足の筋肉が発達している。全体重を支える役割を担うため、大きな負担がかかるからだ。走り込みはもちろんのこと、さまざまなトレーニングでブレーキングの筋肉を鍛えていく必要がある（第2章で詳しく）。たとえるなら、「軸足＝エンジン」であり、「前足＝ブレーキ」と表現することができる。

また、レーシングカーでたとえると、ブレーキが安定しているからこそ、アクセルを全開に踏み込むことができる。ブレーキに不安があれば、時速300キロのスピードを出すことなど絶対にできないだろう。

ピッチングも同様で、ブレーキングがしっかりしているからこそ、思い切って腕を振ることができる。さらに、投手の場合は投げて終わりではな

ブレーキングが、強く速い腕の振りを生む

く、打球に対する備えが必要であり、投げっぱなしで終わる状況は存在しない。前足のブレーキが弱ければ、守備の準備が遅れることになる。

身体が変わればフォームも変わる

ここまでお話しした下半身の動きは、投球フォームの中でどれだけ意識をしたとしても、改善するには限界がある。関節の可動域や、動き方のクセによって、どうしてもできる動作が限られてしまうからだ。たとえば、ブルペンの投げ込みで最初の10球はできたとしても、身体が疲れてくることで、元来持っていたクセが顔を出す。さらに、試合のマウンドになれば、「抑えなければいけない」というプレッシャーや緊張感が生まれ、なおさら、元の動きが出やすい状況になる。

ボールを投げながら、動きを改善するのは難しい――。

それが、持論である。

私自身は、ピッチングコーチではなく、トレーニングコーチの立場で指導している。トレーニングを重ねることで、関節の可動域が広がり、連動性が生まれ、今までできなかった動きができるようになる。それが、トレーナーである私の仕事である。ボールを持ってしまうと、投手の本能としてボールに集中するのは、ある意味では当たり前のこと。だからこそ、ボールを持たないトレーニングで、身体の動きを変えていく。

悪いクセが付いたフォームで何球も投げ込むのであれば、開脚や伸脚に加えて、負荷をかけたトレーニングに徹底して取り組み、理に適った下半身の使い方を覚えていく。このほうが、自分自身の成長を実感しやすいはずだ。

腕の動きの改善は自分の意思が必要

下半身のポイントに続いて、上半身、特に腕の動きについても触れておきたい。

指導の現場では、「腕の使い方を直すのは難しい」という言葉を聞く機会が多いが、私自身は、「半分が本当で、半分は迷信」だと感じている。

ならば、その違いはどこにあるのか。

「投手自身が求めているか否か」に尽きると思う。たとえば、大きなテイクバックを改善するときに、指導者から「もっとコンパクトにしなさい」と言われるか、自分から「今のままでは肩周りに負担がかかるので、少し小さくしたほうがいい」と思うかでは、取り組み方がまったく変わってくるのではないか。

自分自身が納得せずに、「監督に言われたから」という理由だけで直そうとしても、そううまくはいかないものだ。特に、腕や指先の動きは繊細であり、ここまで無意識の中で培ってきた動きのクセや感性がすでに入っている。周りから見たときに、「ちょっと違和感のある動きだな」と思っても、やっている本人にはそれがしっくりきていることもある。指導者の教えが一般的に正しい形であったとしても、感覚に狂いが生じる恐れもあるのだ。

また、もっとも繊細で器用に動く利き手は、いかようにも調整が利く。それだけに、手先で簡単に調整ができてしまい、逆に動きの再現性を失うこともある。「何かおかしいな」と思えば思うほど、過剰に意識してしまう投手も多い。

下半身は、腕の動きと比較すると器用さに欠く。それゆえに、簡単に動きを変えることはできない。でもだからこそ、地道なトレーニングを積み重ねていくことで、高い再現性を手に入れることもできるのだ。

「トップの位置＝ハンガー」

この話を踏まえたうえで、利き腕の動きを解説していく。

肩甲骨や肩周りの柔軟性にも関わってくるため、一概に「絶対にNG」とは言い切れないが、テイクバックで利き腕が背中の後ろにまで入る投手（写真❽）は、腕がトップに上がってくる過程で肩関節の動きに制限がかかりやすい。そのため、無理に腕を出そうとして、前の肩が早く開くフォームになりがちだ（写真❾）。ただ、そうすることでタテの変化球が曲がりやすくなる投手もいて、テイクバックを直すことで持ち味を失ってしまう事例もゼロではない。クセと見るか、個性と見るかは、判断の難しいところと言える。

❽

テイクバックで利き腕が背中の後ろにまで入るのは好ましくない

無理に腕を出そうとすると、
前の肩が早く開いてしまう

もうひとつ、利き腕の使い方で伝えておきたいのは、トップの考え方だ。「肘を肩のラインにまで上げなさい」という指導が多く、たしかにそのとおりである。ただ、その言葉を過剰に意識するあまり、肘を無理に上げようとする投手も少なくない。

私の考えは、「トップの位置＝ハンガー」である。写真を見るとわかりやすいが、洋服をかけるハンガーの形をイメージしてもらいたい。肘の高さは、両肩を結んだ線よりもやや下ぐらいでちょうどいい（**写真⑩**）。ここから身体の回旋運動によって、肘は自然に上がってくる（**写真⑪**）。逆に、トップの位置で肘を上げすぎると、いざ投げに行くときに肘が下がってしまう投手もいる。このようなタイプの投手は、「トップの位置＝ハンガー」をイメージしてみてはいかがだろうか。

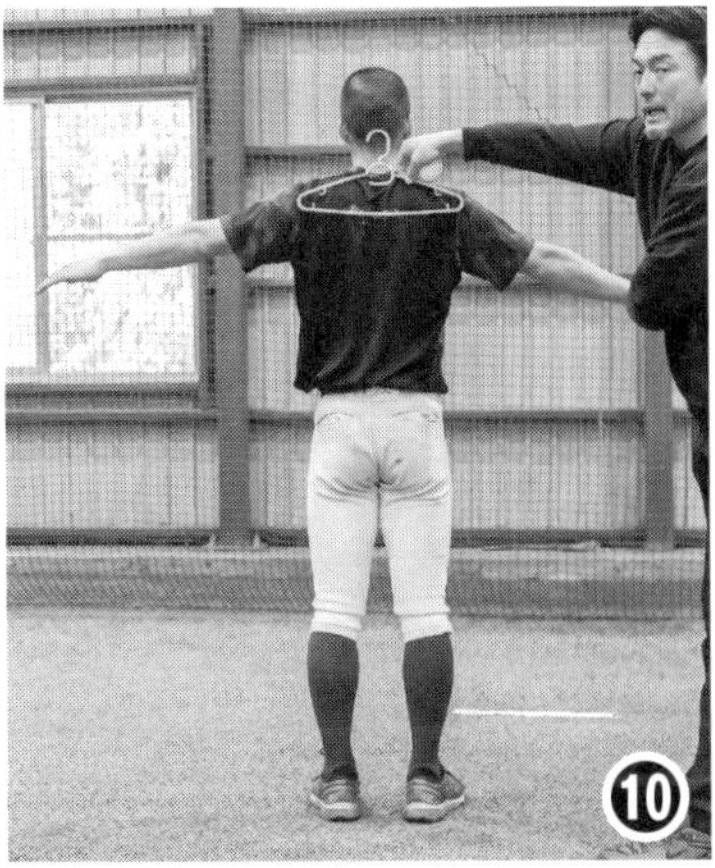

「トップの位置＝ハンガー」をイメージする

肘は自然に上がってくるのが理想

リリースから逆算して考える

テイクバックからトップ、リリースにまで持っていく腕の動きは、投手によってさまざまな個性が見える。近年、MLBでは「ショートアーム」という腕の使い方が流行っているようで、ダルビッシュ有投手（サンディエゴ・パドレス）や大谷翔平投手（ロサンゼルス・エンゼルス）らが、コンパクトなテイクバックを取り入れている。一方で、山本由伸投手は、いわゆる〝後ろが大きい〟タイプであり、腕の使い方において「これが絶対に正しい」と言い切るのは非常に難しい。

ただひとつ言えるのは、テイクバックにさまざまな個性や特徴があったとしても、リリースの瞬間は、どの一流投手もバランスがよく、最大限の力をボールに伝えていることだ。リリースで力が逃げてしまえば、そこに至るまでに生み出したエネルギーが水の泡となってしまう。「リリースでボールに力を入れるにはどうしたらいいか？」という思考から逆算してみると、自分の身体の動きに適した腕の使い方が見えてくるのではないだろうか。

高校生を見ていると、テイクバックで力が入りすぎてしまい、リリースで力が逃げる投手がじつに多い。「速い球を投げたい！」という気持ちが、十分すぎるほどに伝わってくるのだが、ずっと力を入れっぱなしでいれば、どこかで力は抜けてしまう。リリースに向けて、腕には力を入れすぎないようにしておきたい。

　そういった意味で、山本由伸投手の腕の使い方は、肩関節にかかる負担も少なく、理想的に見える。テイクバックで、二塁方向側に肘を伸ばすようにしてから、並進運動に合わせて肘を曲げて、リリースポイントに向けてまた肘を伸ばす（**写真⑫**）。伸ばす、曲げる、伸ばすのリズムが非常にいい。左腕でこの肘の使い方がわかりやすいのが、内海哲也投手（埼玉西武ライオンズ二軍投手コーチ）である。

⑫

伸ばす、曲げる、伸ばすのリズムがいいのが、好投手の条件のひとつ

日本人にお馴染みのラジオ体操第一に、「腕を大きく回して〜〜」という動作があるが、テイクバックの動きもこれに近い（**写真⓭**）。テイクバックがぎこちなく、窮屈に見える投手には、実際に「ラジオ体操をやってごらん」と提案することもある。

⓭

テイクバックの動きは、ラジオ体操第一の動作に近い

前足の延長線上が理想のリリースポイント

理想のリリースポイントについても解説しておきたい。

第1章の前半で、送球と投球の違いについて触れてきたが、リリースポイントにも大きな違いがある。投球は、地面から25センチの高さにあるマウンドから、座っている捕手に投げなければいけないため、斜め下方向に投げ下ろす角度が求められる。野手は、平地から平地の高さに投げればいいが、投手の場合はそうはいかないのだ。

必然的に、投手のほうがリリースポイントは前寄り（前足側）になる。そこまで引っ張ってくるには、ここまでお話ししてきた最大並進運動と回旋運動が必要であり、利き手だけで「前で離そう」としても無理な動きとなる。

では、ここで言う「前」とはどのあたりなのか。

ひとつの目安として、身体が回転したときに、踏み出した足の膝の延長線上にまで利き腕の肘を持ってくる**（次ページ写真⑭）**。そこから、肘を伸ばし、踏み込んだ足（靴）の延長線上に利き手がくる**（次ページ写真⑮）**。あくまでも目安ではあるが、ここまでボールを持ってくることができれば、斜め下方向に強い球を放れる確率が上がる。

一番気をつけてほしいことは、身体が回転し、胸が捕手方向に向いてから、肘を伸ばすことである。「腕を強く振って、速い球を投げたい！」という意識が強すぎると、身体が回り始めた直後に腕を振ろうとしがちだが、これでは回転の力を生かすことができず、腕の振りが弱まってしまう。さらに、肘にかかるストレスも大きなものになる。

指導の現場では、「腕を振りなさい」と言うのではなく、「最後に肘を伸ばしなさい」という表現を使うことが多い。並進運動と回旋運動によって十分なエネルギーは生み出されているので、自ら力んで腕を振ろうとする必要はほとんどない、と考えていいだろう。

踏み出した足の膝の延長線上にまで
利き腕の肘を持ってくる

利き手は踏み込んだ足（靴）の延長線上に

第2章

最大並進運動を極める

「身体の要」である骨盤周辺の柔軟性

第2章では、最大並進運動を中心とした下半身の動きを実現するためのトレーニングに焦点を当てていきたい。頭で理解したことを、自分の身体でどれだけ表現できるか。関節の可動域や連動性があってこそ、理想の動きを手に入れられることを理解してもらいたい。

前著のおさらいにもなるが、骨盤、股関節、肩甲骨、胸郭を「4K」と名付けて、パフォーマンスアップに欠かせない部位に定めている。野球選手に限らず、アスリート全般に通じるところであり、この4Kが自在に動いてこそ、高いパフォーマンスを発揮することができるのだ。

まずは、「身体の要」とも表現されるのが骨盤である。骨盤には、前傾、後傾、下制、挙上の機能があり、4つの動きが複合的に行われることで、投球の始動時において軸足一本でしっかりと立てるようになる。

片足を高く上げようとすると、誰もが骨盤が後ろに傾きやすくなるが、このときに骨盤を前傾させる柔軟性があると、適正なバランスで立つことができる。前傾姿勢がうまく作れない投手は、どうしても踵重心になりやすく、そのまま並進運動に入ると、身体が反り返ったフォームになりやすい。並進運動の途中で身体が回り始め、いわゆる「開きが早い」フォームになる。これではリリース時に正しく力を伝えることができず、球速が上がらないだけでなく、コントロールも不安定になる。

また、骨盤の動きが悪い中で、BIG3（第5章参照）などの器具を使ったウエイトトレーニングに取り組むと、腰を痛めかねない。高校生になると、入学してすぐに重たい器具を使いたがるチーム（選手）が多いが、トレーナーの観点からすると、「まだ早いですよ。骨盤周りの可動域は十分にありますか？」と確認したくなってしまう。重量をガンガン挙げられるようになったとしても、どこかで腰を痛めるリスクが伴うのだ。

腰痛は、投球時にも引き起こる。骨盤の上に、積み木のような形で背骨が乗っていて、バランスを取るためにS字のアーチを描いている。骨盤が前傾しすぎても、後傾しすぎても、アーチの角度が崩れ、腰を痛める原因となる。よく耳にする「ヘルニア」は、骨盤が後傾し、後傾したまま上体が前方に倒れていくことで起こりやすい。

腰（骨盤）は身体の中心部にあり、少しでも痛みや違和感を覚えると、別の部位でカバーしようとする代償動作が起きる。腰をかばうあまりに、肘や肩を痛める恐れも出てくるのだ。それぐらい、骨盤の動きを養うことは重要となる。

骨盤周りのストレッチ

1 開脚前屈

◉骨盤を立て、骨盤の前傾を作る

骨盤の動きの可動域を広げる、もっとも基本的なストレッチが開脚前屈となる（**写真❶**）。具体的に言えば、骨盤の前傾を高めることにつながる。

サポートする学校では、ウォーミングアップの時間だけでなく、メニューとメニューの合間など、さまざまな隙間時間を利用して開脚を行っている。わざわざ、メニューのひとつとして行うのではなく、習慣化するまで落とし込めるのが理想だ。イチローさんが、ライトのポジションでたえずストレッチをしていた姿を思い出してもらうと、イメージがしやすいと思う。高校生の生活習慣を考えると、ネ

もっとも基本的なストレッチの開脚前屈

ットやスマホを見ながら、ストレッチをすることもできるはずだ。
開脚の注意点は、次の4つ（**写真❷**）。

①つまさきを寝かさず、できるだけ上に向ける
②両足首を結んだ線より尻を後ろに持っていく
③背中は丸めずに伸ばす
④尻を地面から浮かせる（ブロック程度の高さの上に尻を乗せる）

重要なのは、骨盤を立てた状態で行うところにある。開脚の目的は、骨盤の前傾を促すことであり、骨盤が寝た体勢では前傾が作りにくい。地面に尻を着けたときに、骨盤が後ろに寝て、後傾してしまう選手（わかりやすくたとえると、「テディベア」のような体勢）は、台（ブロック程度の高さ）の上に尻を乗せるなどして、尻を高い位置に持ち上げてほしい（**次ページ写真❸**）。骨盤が寝たままでは、きっとやる気も出てこないだろう。

ただ、骨盤が後傾気味の選手は、台の上に尻を乗せたと

骨盤を立てた状態で行うことが重要

きにも骨盤が寝やすい。日常的に、骨盤が寝るクセが付いているため、それがニュートラルな姿勢だと思い込んでしまっているのだ。ベルトのバックルやヘソを斜め下（地面方向）に向けるようにして、骨盤を意識的に立てておきたい。

柔軟性をはかる意味で、いくつかの基準を設けている。上体を前方向に倒したときに、身体のどこを着けることができるか。

- 初級ライン＝両肘が地面に着く
- 中級ライン＝おでこが地面に着く
- 上級ライン＝あごが地面に着く
- 超上級ライン＝両手を広げて、胸が地面に着く

高校1年生の夏までには、初級ラインは必ずクリアしてほしいところだ。

高校生の前でストレッチの話をすると、「ぼくは身体が硬いので……」と取り組む前からあきらめている選手が必ずいるが、柔軟性は努力で何とでもなる。特に、両肘を地面に着けるところまでは誰でもできる。それができない選手は、はっきり言って、努力不足である（ケガをしている選手は除く）。

尻を高い位置に持ち上げるため、
台を使ってもいい

軸足を踏んで立つ感覚を養う

❶ ボックス踏み上がり（シャフトなし／あり）

◉軸足の踏み込みで前足が上がる

軸足一本で立つには、骨盤の前傾・後傾のバランスを養うとともに、「軸足を踏むことで、前足が上がる感覚」を得る必要がある。平地では感覚を得にくい選手であっても、軸足を踏み台に乗せると体感的にわかりやすい。

膝の高さよりもやや低めの踏み台を用意し、その上に軸足を乗せる。ここから、軸足を垂直方向に踏み込む力を利用して、逆足を上げる（正しくは、逆足が自然に上がる）**（次ページ写真❶）**。

注意点としては、足首の上に膝関節を乗せること。大殿筋やハムストリングスを中心とした股関節周りの大きな筋肉を使って、台を踏み込んでいく。膝関節がつまさき方向に曲がりすぎると、出力の弱い膝の筋肉を使わざるをえなくなり、次のフェイズとなる並進運動に悪影響を及ぼすことになる。

❶

軸足を垂直方向に踏み込む力を利用して、
逆足を上げる

❷

背中に10キロ程度のシャフトをかつぎ、
負荷をかける

自重で感覚を摑んだあとは、背中に10キロ程度のシャフトをかつぎ、負荷をかける（**写真❷**）。シャフトが重くなればなるほど、膝の力では上げにくくなるのが体感としてわかるはずだ。軸足で立つスタートポジションから、大きな筋肉を使うことを意識しておきたい。

最大並進運動を生み出すための「割り」

軸足で立った姿勢から、捕手方向へ重心を移していく。第1章で、「最大並進運動」というキーワードで解説したフェイズだ。並進が長く取れれば取れるほど、重心移動の距離が長くなり、それだけボールに力を伝えることができる。プレートから踏み出す一歩で、どれだけのエネルギーを生み出せるかが、球速アップにも大きく関わっていく。

前足を踏み出していく動きの中で、重要なポイントになるのが、右半身と左半身の「割り」である。左投手でたとえると、軸となる左足の上に頭を残し、軸足に体重を感じながら、捕手方向に移動していく（**次ページ写真❸**）。並進運動に乗って、頭まで一緒に付いていってしまうと、軸足の膝が早く内側に入り込むようになり、並進運動が終わる前に回旋運動が始まることになる（「卵が先か、鶏が先か」の理屈と同じで、軸足の膝が内側に倒れることで、頭が早く突っ込む……という考えもある）。

❸

軸足に体重を感じながら、捕手方向に移動していく

実際には、並進運動が終わる頃には、回旋運動は始まっていて、「並進が終わったので、次は回旋」と、ひとつひとつの動きが区切られているわけではない。ただ、双方が重なる動きは無意識に起こるところでもあり、投手自身が意識するのは捕手方向への並進運動であることが望ましい。

この「割り」を実現するにも、骨盤や股関節の柔軟性が必須となる。特に重要なのが、股関節の外旋・内旋運動だ。軸足の膝を立てて、その場に置いておくような意識を持つことで、「割り」は作りやすくなる。

膝関節ではなく股関節でコントロールする

並進運動のポイントは、膝関節ではなく股関節で自分の身体をコントロールするところにある。つまさきよりも膝が前方向に出ると、どうしても膝関節が優位に働きやすくなるので、股関節を身体の後方に引き込むようにして、靴のベロが目視できるような位置に膝を持っていきたい。このポジションが作れれば、膝関節が前に出すぎることを防ぐことができる。

股関節周辺には大殿筋やハムストリングスなど出力の高い大きな筋肉があり、これを生かさない手はない。膝関節でコントロールすると、この大きな力をフルに活用することができなくなってしまう。股関節周辺を主として使えるようにするには、日頃のストレッチから骨盤の可動性、連動性を高めるとともに、股関節の内旋・外旋運動にアプローチをかける必要がある。

重心が膝関節に乗ると、右投手であれば右打席のほうに力のベクトルが向きやすく、インステップする原因にもなりやすい。第1章の冒頭で述べたように、投動作とは「投擲物（ボール）に方向とスピードを与え、空中に発射させる運動」である。インステップになった瞬間、下半身の方向性がずれることになり、それを上半身の動きで修正する必要が出てくる。

プロ野球や社会人野球にまでなれば、それが〝個性〟である投手もいるが、成長段階の高校生のうちは、基本通り捕手方向に力を伝えていきたい。

インステップを修正するときに、前足の着地場所に目印を置くなどして、「ここを目標に真っすぐ踏み出そう」という教えもあるが、それは突貫工事にすぎない。踏み出し足だけ改善しようとしても、根本的な動きは簡単には直らないものだ。着目すべきは、軸足の股関節の使い方であり、前足のステップはそれによる結果である。

股関節周辺のストレッチ

❶ 股関節内旋・外旋（開脚）

◉球関節の特徴を最大限に生かす

股関節のストレッチのポイントは、直線的な動きではなく、内旋・外旋の動作を入れていきながら、回旋の可動域を広げていくことにある。

股関節は「球関節」と呼ばれ、可動範囲が広いのが特徴だ。骨盤側に受け皿となるお椀の形をした臼蓋があり、お椀の上にボールの形をした大腿骨の骨頭が乗っている。そのため、股関節を支点にして足をグルグルと回したり、内側や外側に捻ったりすることができる。

まずは、開脚から発展したストレッチを紹介したい。尻を持ち上げ、足を広げた開脚の体勢から、自分の手を足の付け根に当てて、股関節の内旋・外旋をサポートしていく。足の付け根からつまさきまでが一本の棒になったイメージで、身体の中心部から股関節を回旋させる（**次ページ写真❶**）。足先だけで動かそうとしては、ストレッチの効果が薄くなるので注意が必要だ。

このときも骨盤が寝ないように気をつけてほしい。特に、股関節を外旋させるときに骨盤が後傾しがちなので、あくまでも骨盤を立てた姿勢をキープする。客観的に動きを見られない選手は、チームメイトとともに確認し合ってもいいだろう。

❶

▼

身体の中心部から股関節を回旋させる

2 股関節内旋・外旋(膝立て)

◉内旋・外旋をよりスムーズに

地面に尻を着けて、両膝を90度に曲げたM字の体勢で行う内旋・外旋のストレッチ。膝を立てて座るときに、骨盤が寝すぎないようにしたうえで、右足、左足の順に、膝を地面に倒していく(**次ページ写真❷**)。内側に倒すときに、股関節の内旋が働くことになる。

右足を倒すときに、左膝が外側に開いたり、胸が左方向に向いたりしがちだが、極力動かないようにしておく。そのほうが、より強く内旋をかけることができるからだ。そして、倒した膝を元の位置に戻すときに外旋が働く。この内旋・外旋の動きをよりスムーズに行えるように取り組んでほしい。

はじめは、手でサポートしながら股関節を内側にねじ込んでも構わない。手で動きを覚え込ませることも、大事なポイントとなる。慣れてきたら、手の補助を外してみてほしい(**次ページ写真❸**)。

片足ずつ倒していくと、「左のほうがやりにくいな」といった左右差を感じる選手もいるはずだ。こうした身体の特徴を知ったうえで、苦手な動きを改善していくことも、パフォー

❷

骨盤が寝すぎないようにしながら、
膝を地面に倒していく

❸

慣れてきたら、手の補助を外して行う

マンス向上には欠かせない。

3 股関節内旋・外旋（立位）

◉身体の隅々まで血流を促す

立位の姿勢から、股関節の内旋・外旋動作を交互に行う。右足の股関節を外旋→左足の股関節を外旋→左足の股関節を内旋→右足の股関節を内旋（次ページ写真❹）と、ひとつずつ丁寧に行い、慣れてきたらスムーズに動けるようにする。

さらに、左右の足をその場で同時に内旋・外旋させたり（次ページ写真❺）、小さくジャンプしながら内旋・外旋させたり（次ページ写真❻）、相撲の四股の体勢から内旋・外旋させたり（70ページ写真❼）と、さまざまなバリエーションがある。

ここまで紹介した1～3のメニューに共通しているのは、内旋・外旋を身体に覚え込ませて、学習させることにある。今まで眠っていた関節や筋肉に刺激を入れていく。それと同時に、血流を促す狙いもある。身体の隅々まで血流を促していくことで、間違いなく刺激が入るはずだ。

風呂上がりのように身体が温まっているときのほうが、筋肉はほぐれやすい。また、ラン

❹

股関節の内旋・外旋動作を
片足ずつ交互に行う

5

左右の足を同時に内旋・外旋させる

6

小さくジャンプしながらの内旋・外旋

ニングやダッシュを行うことで股関節周辺の動きがよくなるため、そのあとに股関節系のストレッチを入れるのもおすすめである。そもそも論として、走ること自体が股関節の回旋動作を高めることにもつながっている。

❼

相撲の四股の体勢から内旋・外旋させる

4 股関節の回旋運動

◉回旋運動に特化したストレッチ

足の付け根となる股関節から、足を大きく回すストレッチ。股関節の機能のひとつである「回旋運動」にフォーカスを当てる狙いがある。

写真のような高さの台に両手を着き（壁に手を着いたり、ハードルの上に手を乗せたりする形でもOK）、片方の足を大きくゆっくり回していく。外回りと内回りを15回ずつ行うと、足の付け根がじんわり温かくなる感覚を得られるのではないだろうか（次ページ写真❽）。さきほどの内旋・外旋の運動に比べると、より立体的な動きとなる。

注意点としては、支持している側の足裏が浮いたり、膝が割れたり、グラグラしたりしないようにすること。逆足を固定した状態で、股関節をスムーズに回旋できる柔軟性を手に入れてほしい。

8

台に両手を着き、
片方の足を大きくゆっくり回していく

5 伸脚

◉股関節で身体をコントロールする

股関節系のストレッチで、投球時の並進運動にもっとも直結するのが伸脚である（**写真❾**）。片足から片足へ重心を移すことが、投球フォームのそれとよく似ているのだ。伸脚は深くまで屈伸するが、その屈伸の角度を浅くしたのが並進運動だと理解してもらっていい。投球フォームを意識しながら行うことで、絶大な効果を生み出すことができる。

最重要ポイントは、並進運動時と同じく、膝関節ではなく股関節で身体をコントロールすることにある。それを頭に入れたうえで、次の6つが注意点となる。

- 両足を結んだ線よりも尻は後ろに持っていく
（膝を前に出さないこと）
- 曲げた側の膝関節・股関節・つまさきを同じ向きに揃える
- 曲げた側の踵を地面にしっかり着ける
- 曲げた側の踵と尻を着ける
- 伸ばした側の足のつまさきは上に向ける

・足を入れ替えるときに目の高さを変えない

膝関節が両足を結んだ線より前に出ると、おのずと股関節の働きは弱くなってしまう。身体の後ろに尻を持っていき、股関節を中心に身体を動かしている実感を持つことが大事になる（次ページ写真⑩）。

股関節や足首が硬い選手は、曲げたほうの足の踵が地面から浮く傾向にある。これでは、股関節のストレッチ効果が薄れてしまうので要注意。ひとりでやるのが難しければ、身体の

⑨

投球フォームを意識しながら伸脚を行う

⑩

股関節を中心に身体を動かしている実感を持つことが重要

前に置いたネットを摑んだり、向かい合ったパートナーと手をつないだりする方法もある。何か支えになるものがあれば、後ろにひっくり返る怖さがなくなるため、股関節を深くまで曲げることができる。

◉膝関節・股関節・つまさきを同じ方向に

伸脚で多くの選手に見られるエラーが、曲げたほうの膝が内側に入り込んでしまうことだ。股関節の外旋が甘いこと、あるいは向きを揃える意識が浅いことが原因である。ここで、膝関節が内側に入る投手は、並進運動時においても膝が捕手方向に折れやすい。私は、これまで数多くの投手を見てきたが、この見立てはほぼ100パーセント当たっている。

第1章でも触れたが、膝が折れてしまうと、下半身で生み出したエネルギーが途切れ、上半身の力に頼ったフォームになりやすい。伸脚の段階から、膝が内側に入らないことを徹底的に意識する必要がある。

そして、股関節、膝関節、つまさきの向きを揃えたうえで、地面を強く踏んで、股関節から足裏までをグッと伸展させる感覚を摑んでほしい。この踏み込む動きが、投球時のプレートを踏む動きにつながっていく。投球時においても、この伸展の動きが入ってから、回旋運動に移るのが理想となる。

曲げていた足を伸ばすときには、膝を外側に回すようなイメージ（体の後ろ側で尻を回す）を持つと、股関節の外旋運動がやりやすくなる。特に、膝が内側に入る選手は、この感覚を持ってみてほしい。あくまでもイメージであり、実際には外側に回す動きは入らず、膝の位置が変わらずにその場に止まっているような動きになる。

また、背中に軽いバーをかついで行うと、伸脚が正確にできているか判断しやすい。バーを地面と平行に保ち、バーの先端を前後にぶらすことなく伸脚を行う**（次ページ写真⓫）**。膝関節でコントロールする選手は、目線が上下に動きやすく、バーの動きも乱れやすくなる。

ここまで紹介したのが、股関節の柔軟性を養うストレッチとなるが、柔らかさだけでは球速を上げることはできない。柔らかさに加えて、強さが必要になってくる。「出力の高さ」と置き換えてもいいだろう。

続いて、股関節周辺の柔軟性+強化メニューを紹介していきたい。最初から強さだけを求めると、ケガにつながる恐れもあるので、骨盤や股関節周りの柔軟性を高めてから行うことをおすすめしたい。

⓫

▼

▼

バーの先端を前後にぶらすことなく伸脚を行う

股関節周辺の柔軟性＋強化

1 タイヤ上り下り（シャフトあり／なし）

◉股関節の柔らかさと強さを身に付ける

タイヤを使った強化メニュー。キャッチャーのように座った体勢から、タイヤに上り、タイヤから下りるだけの動きである（**次ページ写真❶**）。非常にシンプルなメニューだが、見た目以上にきつい。上り下りをすることで、股関節の柔軟性とともに強さを養うことができる。動きに慣れてきたら、シャフト（10キロ程度）をかついで負荷をかけていく（**次ページ写真❷**）。重さを利用することで、股関節の可動域をより広げることにもつながるメリットがある。

最大の注意点は、股関節、膝関節、つまさきの向きを揃えることである。特に、タイヤに足を乗せるときに、股関節の外旋が弱い選手は膝が内側に入りやすい。これでは、膝を痛めてしまうリスクもあるので、意識的に股関節を外に開いていきたい。

❶

キャッチャーのように座った体勢から、
タイヤを上り下りする

動きに慣れてきたら、
シャフトをかついで負荷をかけていく

❷

2 伸脚メディシンキャッチ

◉足の裏で踏み込む力を得る

タイヤや台の上に軸足を乗せ（右投手は右足）、前方からトスされたメディシンボールを低い位置でキャッチし、伸脚の動きを使ってパートナーに投げ返す**（写真❸）**。手で投げ返

❸

メディシンボールを、伸脚の動きを使って
パートナーに投げ返す

すのではなく、足の裏で台を踏み込む力を利用する。平地で行うよりも、台の上に乗せたほうが、踏み込む感覚を得やすいはずだ。

このときも、股関節、膝関節、つまさきの向きに注意する。向きを揃えることで、大殿筋やハムストリングスなど、股関節周りの大きな筋肉が使いやすくなる。

3 サイドウォークステップ（チューブ付き）

◉軸足の大殿筋を強化

チューブを両足の膝周辺に巻いた状態で行うサイドウォークステップ。

股関節を後ろに引き込んだポジション（足よりも膝が前に出ないように注意）から、並進運動と同様に、軸足の力で捕手方向に進んでいく**（次ページ写真❹）**。前足で動きをコントロールするのではなく、軸足の大殿筋を中心とした大きな筋肉で身体を運ぶ。尻周りの大きな筋肉の強化は、自分の体重を支えるために必要不可欠なもの。地道なメニューに見えるかもしれないが、丁寧に取り組むことで、並進の動き作りと大殿筋の強化の両方を得ることができる。

❹

チューブを両足の膝周辺に巻いた状態で、
軸足の力で捕手方向に進んでいく

「軸足の股関節に力を溜める」の誤解

軸足で立ってから並進運動に移るときに、「軸足に体重を乗せなさい」や「軸足に力を溜めなさい」といった指導を受けたことのある投手は多いのではないだろうか。

決して間違いではないのだが、投手自身が誤った解釈をすることで、並進運動のエネルギーが小さくなってしまう場合がある。「乗せる」「溜める」という言葉の感じから、軸足で沈み込むような動きを入れてしまうのだ（写真❺）。言うなれば、軸足だけでスクワットをしているような動きだ。下に沈み込むと、力のベクトルは地面方向に向かうことになる。本来は、足を上げたときに生み出した位置エネルギーを、並進運動によって加速させていきたい。あくまでも、エネルギーは捕手方向に進んでいることを意識してほしい。

溜めを作るポイントは、フリーフットとなる前

軸足で沈み込むような動きはNG

足の使い方にある。並進運動時に、前足の股関節を内旋させると、軸足の股関節側に体重が乗りやすくなるのだ（写真❻）。感覚的には、「股関節を締める」と表現するのがわかりやすいだろうか。自ら意識的に、「乗せよう、溜めよう」としなくても、前足を内旋させれば、股関節は締まってくる。この感覚を摑めれば、下に沈み込むような動きも改善されていくはずだ。締まる感覚を得たら、あとは捕手方向に移動していく（写真❼）。

このあたりの技術がうまいのが、佐々木朗希投手や奥川恭伸投手（東京ヤクルトスワローズ）である。並進運動時に前足を内旋させ、着地時には外旋に入る。この回旋動作が速ければ、着地時により強いエネルギーを地面に加えることができる。

❻

前足の股関節を内旋させると、
軸足の股関節側に体重が乗りやすくなる

❼

股関節が締まる感覚を得ながら、
捕手方向に移動していく

投球動作に必要な内旋・外旋トレーニング

1 ハードル内旋・外旋

◉前足股関節の内旋を習得

投球時における股関節の使い方を、ハードルを使って習得する。

膝あたりの高さに設定したハードルを、フリーフットの前（捕手側）に置く。一本足で立った体勢から、並進運動に入るタイミングで前足の股関節を内旋させ、軸足の股関節に力を感じながら、踏み出していく。着地するときには、内旋から外旋に切り替わる。前足が着地したところで、伸脚で養った軸足の踏み込みを活用し（ここでは動きの小さい伸脚）、並進運動を完了させる。

そして、体重を移動させたところで、前足の股関節を支点に、後ろ足を内旋させる。この一連の流れがうまくいけば、フィニッシュでは前足一本でバランスよく立つことができるはずだ（**写真❶**）。

❶

股関節の使い方を、
ハードルを使って習得する

2 股関節サイドジャンプ

◉股関節の屈曲をジャンプに生かす

前足の股関節を内旋させて、軸足に力を溜めた体勢から捕手方向に真っすぐ跳ぶ（写真❷）。できるだけ、強く遠くに跳ぶことを目指す。

このとき、膝関節を主に跳ぼうとすると、爆発的なエネルギーを生み出せない。股関節を屈曲させて、軸足で地面を強く踏み込むエネルギーを生かすことで、強く遠くに跳ぶことができる。ここでの股関節の使い方は、伸脚のポイントと通じるところがある。下半身を正しく使えれば、大殿筋やハムストリングスなど身体の後ろ側の筋肉が張ってくるはずだ。股関節を伸展させるのに合わせて、上半身の勢いも活用すると、より遠くに跳べる。

一歩で終わらせるのではなく、捕手方向に二歩、三歩、四歩と、連続でジャンプしていくと、より強度の高いトレーニングとなる。

軸足に力を溜めた体勢から捕手方向に
真っすぐ跳ぶ

❷

3 股関節サイドジャンプ（後ろ足クロス）

◉軸足の踏み込みでエネルギーを出す

軸足の股関節周辺の筋力を高めるトレーニング。

前足を軸足の後ろ側にクロスさせた体勢から、大殿筋やハムストリングスを使って、捕手方向にジャンプする（**写真❸**）。軸足の膝関節とつまさきを真っすぐ揃え、股関節の伸展でエネルギーを生み出していく。フリーフットの振り出しではなく、軸足で地面を踏み込むことで、出力を高める感覚を摑んでほしい。

❸

前足を軸足の後ろ側にクロスさせた体勢から、
捕手方向にジャンプ

第3章

回旋運動を極める

マウンドから投げ下ろすことを頭に入れる

改めて、投球時における下半身の動きを解説すると、軸足で立った体勢から最大並進運動に移り、前足が着地するタイミングで回旋運動が引き起こされていく。

この回旋運動のきっかけとなるのが、前足のブレーキング動作である。前足が止まることによって、前足の股関節を基点に身体が回っていく。

第3章では、下半身のふたつ目のポイントとなる回旋運動にフォーカスを当てていきたい。

理論理屈として知っておいてほしいのは、マウンド上には傾斜があり、「下り坂から投げ下ろしている」ということである。つまりは、何も考えずに投げると、ほとんどの投手が捕手方向に突っ込んだ状態になりやすい（**写真❶**）。第2章で解説した「割り」を実現するためには、軸足に重心を感じながら前足をステップし、着地する必要が出てくるのだ（**写真❷**）。

マウンド上には傾斜があるため、
捕手方向に突っ込んだ状態になりやすい

現場で指導するときには、「前足が着いたときには、軸足6、前足4のバランス感覚が理想」と伝えている。速い球を投げたいと思うばかりに、前足に一気に体重を乗せていく投手もいるが、これでは上半身主導の力任せのピッチングとなり、身体の動きもボールの方向性もコントロールできないことになる。

実際には、「軸足6、前足4」の意識を持っていたとしても、マウンドで打者と対峙したときには、投手の本能として、捕手方向に身体が突っ込んでいくことが多い。「抑えたい」と思えば思うほど、突っ込みやすいものである。だからこそ、軸足に体重を感じながら並進運動を行い、前足を着地する。感覚的には、〝優しく〟着く。そのためにも、第2章で紹介

❷

▼

▼

軸足に重心を感じながら、
前足を着地させることが大切

した伸脚で、股関節と膝関節の正しい使い方を身に付ける必要がある。

膝関節ではなく股関節でブレーキをかける

踏み出した前足でブレーキをかけるための第一条件は、股関節周りの大きな筋肉を使える体勢で着地することにある。簡単に言えば、「膝関節ではなく、股関節を主に働かせる」ということだ。

着地の際、足首よりも膝が前（捕手寄り）に出ていくと、膝のクッションが働きやすくなり、膝でブレーキをかけようとしてしまう。膝の筋肉は、股関節周辺の大殿筋やハムストリングス、内転筋群に比べると非常に弱く、ブレーキングには向いていない。

足首と膝の関係性で考えると、膝関節の角度は100~110度がベストであり、90度から鋭角になると、膝関節をメインにブレーキ動作をせざるをえなくなり、安定した動きになりにくい。

そのうえで、膝関節にはある程度の緩みが必要となる。はじめから膝関節が突っ張った状態で入ると、土台となる前足がふらふらと不安定な状態になってしまうからだ。緩みがあったほうが、並進運動で生み出したエネルギーを受け止めることができる。

太ももの前側のストレッチ

1 仰向けストレッチ

◉筋肉は表裏一体の関係

前足のブレーキングを高めるには、大殿筋やハムストリングスなど身体の後ろ側の筋肉を働かせる必要がある。そのためには、トレーニングで筋力を上げることだけでなく、使われやすいコンディションに整えておかなければいけない。

筋肉（皮膚）は一枚の膜で覆われている関係で、裏側を伸ばせば、表側の筋肉は緩み、収縮しやすい状態を作り出すことができる。たとえば、私は腹筋を取り入れることが多いが、体幹トレーニングに加えて、背中側のストレッチの意味も兼ねている。

この背中を反り返すストレッチは、太ももの前側を伸ばす効果があり、結果としてその裏側にあるハムストリングスの緊張を緩めることができる。緩んだ状態を作ることで、筋肉の収縮がしやすいコンディションを作り出せる。このように前面と後面は表裏一体の関係性にあるのだ。

両足の踵を着け、つまさきを少しだけ開いた体勢から、両膝を地面に着ける（**写真❶**）。次に、踵と尻を着けたあと、右手、左手を背泳ぎするように大きく後ろに回し、身体を反っていく（**写真❷**）。片膝ずつ浮かせることで、さらにストレッチをかけることができる。

両足の踵を着け、
つまさきを少しだけ開いた体勢からスタート

手を背泳ぎするように大きく後ろに回し、
身体を反っていく

❷

踏み込み足の強化

1 サイドジャンプ（ボックス）

◉地面反力を体感する

身体の横に置いたボックスに、両足で跳び乗り、両足で下り、着地と同時に再びボックスにジャンプ（**写真❶**）。この動きをリズミカルに繰り返す。着地のときに、大殿筋を中心とした大きな筋肉で体重を受け止め、素早く次の動き（ジャンプ）に転換する。踏み込み足の強化とともに、地面反力を得るトレーニングとなる。

❶

身体の横に置いたボックスに、
両足でジャンプを繰り返す

❷ サイド片足ジャンプ（ボックス）

◉片足で全体重を受け止める

同じようにボックスを使ったサイドジャンプ。今度は、両足ではなく、片足で跳び、片足で着地する（**写真❷**）。地面に着地した際には、外側の足（右に跳んだ場合は右足）で体重を受け止め、2～3秒間停止する。筋力の弱い膝関節で受け止めると、ぐらついてしまうため、股関節周辺の筋肉を使う。

第2章の83ページで紹介した「サイドウォークステップ（チューブ付き）」で、臀部の筋肉に刺激を加えたあとに取り組むのもおすすめ。スムーズに動けるのを実感できるはずだ。

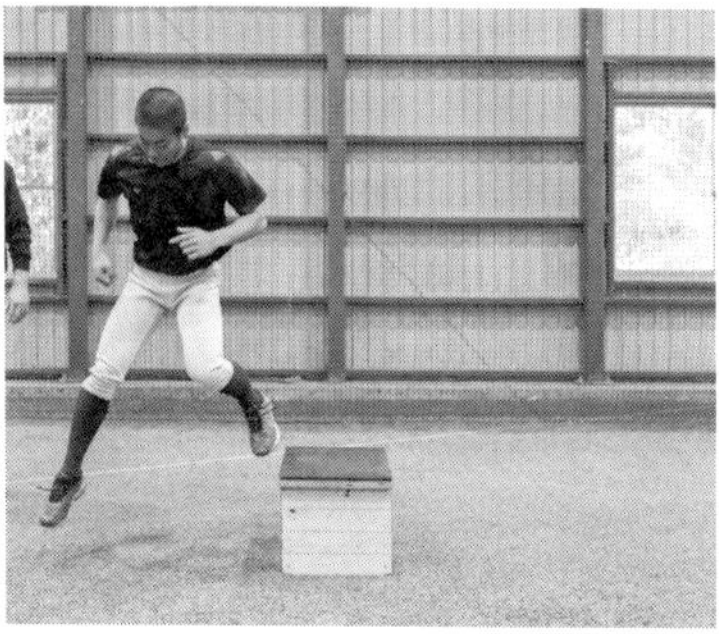

ボックスに片足で跳び、片足で着地し、
体重を受け止める

❷

❸ 投球ジャンプ（ボックス&メディシンボール）

◉安定するポジションを体感

投球フォームに近付けた体勢からのジャンプ。台の上に軸足を乗せ、投球動作をイメージしながら、捕手方向に前足を着地させる。前足だけで身体を支え、手を広げて、飛行機の翼のような姿勢をキープする（**写真❸**）。ここまでの解説と同様に、大殿筋や内転筋など股関節周辺の筋肉を働かせる。そのためには、膝関節が足首よりも前に出ないことが重要になる。自重で動きを作ったあとは、パートナーに前方からメディシンボール（3～5キロ）をトスしてもらい、低いところでキャッチ（**写真❹**）。力が入りやすく、下半身が安定するポジションを見つけていく。

❸

投球動作をイメージしながら、
捕手方向にジャンプして前足で着地

❹

メディシンボールを使い、下半身が
安定するポジションを見つけていく

踵からの着地がベター

前足を踏み込むときに、踵で入るべきか、つまさきがいいのか、あるいは足裏全体で入ったほうがいいのか、投手によってさまざまな考え方があると思う。踏み込んだあとに捕手方向に体重を移していくことを考えると、踵から踏み込んだほうが、体重移動が自然に起きやすいと言えるだろう。考え方は、歩く動作と同じである。踵から接地して、つまさきから離れていく。

ただし、投球動作はある程度のスピードを伴うため、「歩きよりも走りに近い」と捉えることもできる。走るときには、つまさき接地になるので、投球時もつまさき接地のほうが理に適っているかもしれない。

そこで、理解しておいてほしいのは、「走るときは、踵から進入していきながら、接地する寸前につまさきで着いている」という順序である。最初から、つまさきで入ろうとしているわけではなく、足の回転のスピードが上がるため、踵で接地しようとする瞬間に、つまさきと踵が入れ替わる動きが起きているのだ。

投球に置き換えても同じことであり、最初からつまさきで入ろうとすると、体重移動を邪に、足の裏全体で着地しているように見える投手もいるだろう。

魔することになる。あくまでも踵から進入し、着地の直前につまさきと入れ替わる。結果的

ステップ足のつまさき、膝の向きを揃える

では、踏み込んだ足の方向性はどうか。

基本的な考えとして、軸足のくるぶしから捕手方向に一本の線を伸ばした場合、そのライン上に前足を踏み出すのが理想となる（次ページ写真❺）。身体のバランスを考えると、前足のブレーキング動作が働きやすい位置関係と言える。

第2章で解説したが、軸足の膝が早くに折れ曲がる右投手は、右打席のほうに力が向くため、どうしてもインステップになりやすい。インステップになると、骨盤がスムーズに回るスペースを確保しづらくなり、身体にかかる負荷が大きくなってしまう。

つまさきの向きは、「真っすぐ捕手方向に向けたほうがいい」という考えもあれば、「少し内側に向けたほうが、前足の股関節に乗りやすい」という考えもある。トレーナーの視点からすると、どちらも正しく、どちらも間違いではない。

一点付け加えるとしたら、「股関節、膝関節、つまさきの向きを揃えましょう」となる。

これは、軸足の考え方と同じだ。コントロールが不安定な投手に見られるのが、つまさきは捕手方向に向いているのに、膝関節が内側に入り込んでいることだ。これでは力の方向性が合っておらず、地面からの力を得にくくなってしまう。下半身から生み出すエネルギーが途切れるため、上半身に伝わるエネルギーが小さくなり、球速が上がらない原因にもなりかねない。

❺

▼

▼

軸足のくるぶしから捕手方向に、
一本線上で前足を踏み出すのが理想

軸足から前足の股関節に体重を移す

「ブレーキング」という言葉から、「前足をガチッと止める」とイメージする投手がいるかもしれないが、決してそうではない。正確に言えば、止まるところもあれば、動くところもある。

止まるべきは、足首や足裏であり、その上に乗る膝関節は捕手方向に動いていく。なぜなら、前足を着地してから、直接的に回旋運動が起きるのではなく、軸足の股関節で溜めたエネルギーを前足の股関節に移す動きが必要になるからだ。ほんの数センチではあるが、このエネルギーの移動がない投手は、前足の股関節に乗り切る前に身体が回り始めていくことになる。

この移動を実現するためにも、さきほど説明した膝の緩みが必要になる。はじめから、膝が突っ張った状態で踏み込もうとすると、前足にエネルギーを移すのが難しくなってしまう。

最大並進運動が実践でき、かつ軸足から前足への体重の移し替えができている投手は、マウンド上にプレートから捕手方向に真っすぐのラインが描かれる。後ろから前への移動によって、軸足のつまさきが引きずられるためだ**（次ページ写真❻）**。右投手であれば、真っすぐのラインのあとに、三塁側ベンチのほうに向かって斜めのラインができることが多い。

一方で、体重の移動がうまくできていない投手は、真っすぐの線が短く、すぐに斜めのラインができあがる（**写真❼**）。マウンド上の足跡を見てみると、投球フォームの良し悪しが見えてくる。

❻

プレートから捕手方向に真っすぐのラインが描かれるのがベスト

❼

真っすぐの線が短い場合は、
体重移動がうまくできていない

前足が後ろに引かれるのは自然現象

軸足から前足に体重を乗せ換えたあとに、膝が突っ張るのはもちろん構わない。リリースのタイミングに合わせて、膝を意図的に突っ張る投手もじつは多い。コントロールがぶれやすいリスクはあるが、前足の着地で得た地面からのエネルギーを、リリースにまで伝えやすい利点がある。

また、投げ終わりで、踏み出した前足が軸足方向に引きずられる投手もいる。かつての大谷翔平投手が、このような前足の使い方をしていた。速球派投手に比較的多く見られる現象であるが、意図的にやっているかとなると、おそらくそうではないだろう。

前足を踏み込んだときに、大殿筋やハムストリングスなど身体の後ろ側の筋肉が働くと、筋肉の収縮によって足が引きずられていく。ある意味では、身体を正しく使えている証とも言えるわけで、あえて直す必要はないだろう。ただし、ボールをリリースする前に、前足がぐらついたり、動いたりしているのであれば、下半身の使い方を改善したほうがいい。

片足ではなく両足でボールを投げる

コントロールが不安定な投手、なかなか球速が上がらない投手に、即効的なアドバイスとして活用できるのが「両足で投げなさい」である。何を当たり前のことを……と思う読者もいるかもしれないが、じつはリリースの瞬間、あるいは直前には、多くの投手は軸足が地面から離れ、前足だけで投げている。

たとえば、ボクシングのパンチをイメージしてもらうとわかりやすいが、片足だけでパンチをする（**写真❽**）よりも、両足をしっかりと地面に着けてパンチをしたほうが、絶対にエネルギーが強いはずだ（**写真❾**）。土台となる下半身の安定感も生まれるだろう。

もちろん、投球時において、足の裏全体が着いた状態で投げられるわけではない。身体が回旋していくのに伴い、軸足の踵は地面から離れていく。最後に残るのが、親指側の母指球になるが、わずかでもいいので母指球に力を感じながら、リリースを迎えてほしいのだ（**写真❿**）。

では、母指球が着いている投手と、離れてしまう投手の違いはどこにあるのか。

投球フォームを巻き戻していくと、結局のところ、軸足の使い方によってその後の動きが変わっていく。軸足の膝が捕手方向に早く入り、最大並進運動ができていない投手は、軸足側のエネルギーが早く途切れることになり、結果的に前足だけで投げざるをえない状況となるのだ。

片足だけでパンチをすると、
エネルギーが逃げてしまう

両足を地面に着けてパンチをしたほうが、
エネルギーが強い

わずかでも母指球に力を感じながら、
リリースを迎えるのが理想的

どうしても、捕手方向に突っ込んでしまう投手は、「両足で投げる」という以上に、「軸足を着けたまま投げる」という意識を持ってみてはどうだろうか。そのほうが、軸足に対する意識がより向いていくはずだ。

軸足の内旋運動で回旋力を増す

最大並進運動が正しく行われ、前足のブレーキングが働くと、前足の股関節を基点に身体は回旋していく。マウンドに上がれば、投手は「速い球、強い球を投げたい」と本能的に思うもので、その気持ちがあれば、回転の動きは無意識に起きるものである。だからこそ、投手が意識すべきは、「回旋運動ではなく並進運動」というのが私の考えになる。

ただし、回旋運動のすべてを自然の動きに頼っていいかとなると、それはまた違う。自然に起きる動きに加え、さらに自分の力で回旋を高めて加速させる。

回旋を高めるカギは、軸足の内旋運動にある。並進運動が終わりに近付いたタイミングで、軸足の付け根から内側に捻り込むようなイメージで、地面を強く押し込む。最後の一押しがあることで、骨盤が強く回り、結果的に腕の振りのスピードも上がることになる。

また、この意識を持っておくことで、「両足で投げる」を実践しやすいメリットもある。

並進運動時に捕手方向に頭が突っ込み、後ろ足に力が残っていなければ、内旋運動で力を加えることはできないだろう。

後ろの骨盤を軸足にかぶせる

軸足の内旋運動のイメージがつきにくい投手には、「軸足側の骨盤を、前足の股関節にかぶせる」という表現で指導することもある**（次ページ写真⓫）**。前足の股関節を内側に絞り、急所をギュッと締めるような感覚だ。あるいは、「後ろの腰骨を前の腰骨にぶつける！（右投手であれば、右の腰骨を左の腰骨にぶつける）」というイメージでハマる投手もいる**（次ページ写真⓬）**。

ただこれも、前足のブレーキングが働いていなければ、実現できない動きである。足が止まり、そこに支点ができることで、骨盤をかぶせることができる。土台となる下半身がぐらつけば、支点が消えてしまうのは想像がつくだろう。

勘違いしてほしくないのは、上半身の力で身体を回そうとしないことだ。あくまでも、股関節の回旋で骨盤をかぶせていく。下半身から作り出したエネルギーを上に伝えていくことで、腕の振りはおのずと加速していく。

⑪

軸足側の骨盤を、前足の股関節にかぶせる

⑫

後ろの腰骨を前の腰骨にぶつける

回旋力を高めるトレーニング

1 メディシンボール投げ（チェストパス／叩きつけ）

◉軸足を内旋させて下を回す

3～5キロほどのメディシンボールを使い、軸足を内旋させることで、股関節が回旋して、上体（胸）が投げたい方向に向く運動連鎖を覚える。

横向きの体勢で胸の前にメディシンボールを持ち、軸足を内旋させる動きを使って、捕手方向にボールを投げる（バスケットボールのチェストパスのイメージ）**（次ページ写真❶）**。上半身主導ではなく、下半身主導で回旋を作り出す。

この連鎖はピッチングのときも同様で、股関節の回旋によって、胸が捕手方向に向いてから、利き腕の肘を伸ばしていく。回旋の途中で腕を振ろうとすると、ボールを持った手が頭から離れ、手首で引っかけるような投げ方になりやすい。この肘の使い方でコントロールを付けるのは、なかなか難易度が高い。

❶

軸足を内旋させる動きを使って、
捕手方向にボールを投げる

❷

斜め下に叩きつける方向性で、前足の股関
節に後ろの骨盤をかぶせる意識を持つ

◉前足の股関節に骨盤をかぶせる

ボールの位置を肩に上げて、斜め下に叩きつける方向性を持たせると、前足の股関節に後ろの骨盤をかぶせる意識を持ちやすくなる（写真❷）。軸足を内旋させながら、前足のブレーキングを生かして、後ろの骨盤をかぶせていく。繰り返しになるが、前足の膝がぶれてしまうと、ブレーキングの効きが甘くなる。大殿筋やハムストリングスで、前足を支えておきたい。

2 メディシンボール投げ（サイドランジ）

◉ブレーキング＋骨盤のかぶせ

メディシンボールを使い、前足のブレーキングと後ろの骨盤のかぶせを同時に身に付ける。両足を肩幅よりも開いた状態から、右方向、左方向に交互にトスされたボールを一歩踏み出してキャッチし、股関節の回旋運動を使って、パートナーに投げ返す（次ページ写真❸）。右方向に対しては、左の骨盤を素早く右側に回し、右の股関節に体重を乗せる。このとき、右足がぐらつかないように体重をしっかりと支えることで、大殿筋等の強化にもつながる。

ボールは上体の力で投げ返すのではなく、股関節の回旋を利用する。あくまでも、上はボールをキャッチするだけで、必要以上に力を入れることはない。

❸

左右にトスされたボールをキャッチし、
股関節の回旋運動を使って投げ返す

第4章

上半身の動きを極める

「主導は下半身、始動は上半身」

第2章から第3章にかけて、主に下半身の使い方を説明してきた。最大並進運動があってこその回旋運動であり、このふたつが合わさることによって、下半身から大きなエネルギーを生み出すことができる。

ただ、絶対的に忘れてはならないのは、どれだけ理想的な下半身の動きを身に付けられたとしても、「実際にボールを投げるのは手」という事実である。最終的には、腕の振りを加速させ、手にエネルギーを伝えていかなければ、140キロを超えるボールを投げることはできない。この第4章では、エネルギー伝達のカギを握る体幹と上半身の動きにフォーカスを当てて、解説していきたい。

まずひとつ、投球のメカニズムとして覚えておいてほしいことは、「主導は下半身で、始動は上半身」の考え方である。主としてエネルギーを導き出すのは下半身であるが、「始めに動く」のは上半身、という意味だ。

投球において、下半身が大事であるのは間違いないことである。しかし、それを意識するあまりに、下と上の動きが嚙み合わない投手がじつに多い。下の動きに対して、上半身の動作が追い付いてこないのだ。そういうタイプの投手こそ、「主導は下半身で、始動は上半身」の考えを持つことをおすすめしたい。

実際にどのような動きになるか解説したい。

前足を上げて、軸足一本で立った局面からの話になる。このときに、手を動かして、腕を加速させるための、いわば「助走」を取ってほしいのだ。並進運動が始まるタイミングで、先にテイクバックの動作を始め、加速の準備をしておく。この予備動作があることで、下半身の動きとリリースのタイミングが合いやすくなる。

そして、前足が着地するときには、利き手をトップの位置（ハンガーをイメージ）に持ってきておく（**写真❶**）。この準備が遅れると、回旋動作と肘が上がるタイミングがずれて、リリースで力を入れにくくなる。

前足が着地するときに、利き手をトップの位置に持ってくる

下と上の動きを合わせる

❶ 軸足リズム腕回し

◉軸足で立った状態で腕を回す

下と上の動きを合わせる簡単なドリルを紹介したい。

軸足で立ち、股関節に体重を乗せた体勢を作る。ここから、前足股関節の内旋動作に合わせて、腕を内から外に回すようにしてトップに入るまでの準備をする（写真❶）。何度も繰り返すことで、自分なりのリズム感を身体に染み込ませていく。軸足だけで立った体勢で行うことで、バランスを養う練習にもなる。

さらに、前足の着地から回旋運動まで持っていくことで、肘を曲げるまでの動きも学習できる。軸足股関節の内旋によって、身体が回旋するのに合わせて利き手の肘を曲げる（写真❷）。肘が伸びたままでは強いボールは投げられないため、肘を曲げるタイミングを覚えておくことも、重要なポイントになる。

❶

腕を内から外に回すようにして
トップに入るまでの準備をする

❷

身体が回旋するのに合わせて
利き手の肘を曲げる

体幹＝ビキニパンツ＋タンクトップ

下と上の噛み合わせの動きを踏まえたうえで、体幹に関する解説から進めていきたい。

野球選手であれば、言葉自体は何度も耳にしたことがあるだろう。「初めて聞きます」という人はさすがにいないはずだ。体幹の重要性についても、何となく感覚的に理解はできているだろう。

その重要性を言葉で表現するとしたら、「体幹は、下半身のエネルギーをロスなく発揮する手助けをする」。下半身と上半身をつなぐ役割を果たす。体幹が弱く、安定性に欠けてしまうと、上半身にまでエネルギーを伝えられない。

では、体幹とはどこを指すのか。

「腹筋＋背筋」をイメージする読者も多いかもしれないが、私の定義は、「ビキニパンツ＋タンクトップ」（首と腕と脚を取り除いた身体の中心）である。腹筋も背筋も脇腹も入る。投球のたびに体幹がぶれてしまえば、体の中心がぶれた状態で腕を振ることになり、必然的に腕の振りは弱くなってしまうだろう。

ピッチングで必要なのは、体幹部の安定性である。投球は片足から片足への重心移動が必須であり、どうしてもバランスが崩れやすい。軸足で立ったときに、一本足で支えられる体幹部の安定性がなければ、並進運動に向かうエネルギーが弱まることになる。足だけを鍛えても、全身を支えることはできないのだ。

走ることがアスリートの基礎を作る

体幹を鍛えるトレーニングは世の中にいくつも出ているが、第1章で述べたとおり、走ることこそが最高の体幹トレーニングだと、私は考えている。

体幹の筋肉がもっとも働くのは、身体が不安定な状態になり、「倒れたくない」「バランスを崩したくない」と本能的に感じたときである。言うなれば、「不安定さを感じる中で安定感を求めるときに、体幹は鍛えられる」。走る動作は、一歩ずつ踏み込むたびに不安定な状態に陥る。片足着地の連続であり、着地のときにバランスが崩れれば、地面に強い力を加えることができない。

トレーニングでも勉強でも、「基礎基本が大事」という言葉をよく聞くが、私自身は「基礎」と「基本」はまた別のものだと解釈している。「基礎＝土台」であり、基礎の上にあるのが基本。家を建てるときに、「基礎工事」から始めるように、基礎が安定していなければ、すべてが崩れてしまう。

ならば、野球における基礎とは何か。高校生には、「基礎は、毎日コツコツ取り組めることと。走ることと、柔軟性を高めるストレッチは毎日できるよね。そこで差が出るものだよ」と伝えている。

長年、高校生を見ていると、走るときに身体のぶれが小さくなってきた投手は、投球フォームの安定感が増す傾向にある。一歩の着地ごとにバランスが崩れる投手は、1試合約120球の踏み込み動作がぶれてしまうのは、当然のことだと言えるだろう。

真っすぐ走ることも、体幹を鍛えるトレーニングになるが、ベースランニングのようなコーナーリングをあえて入れるのもおすすめだ。カーブを回ろうとすることで、「不安定の中での安定」を本能的に求めようとする。

体幹強化トレーニング

❶ 手押し車

◉足首ではなく、つまさきを持つ

誰もが一度はやったことがあると思う「手押し車」。少し工夫を加えるだけで、体幹の強化にフォーカスを当てることができる。一般的な手押し車は、パートナーが足首を持つことが多いが、つまさきを持つことで足首、膝関節、股関節が固定された状態になり、正しい姿勢をキープしやすくなる（**次ページ写真❶**）。足首を持ってしまうと、足首を90度に立てた状態で使えなくなり、身体の構造上きちんとした姿勢の保持が難しくなるのだ。

片手を地面から浮かせたときに、バランスが崩れやすくなり、「不安定の中での安定」が生まれる。このときに、上体をできるだけぶらさずに、体幹部に力を入れて体勢を整える。上体が「くの字」に折れることがないように注意（**次ページ写真❷**）。平坦な道だけでなく、緩やかな登り坂を使うと、負荷がより高まることになる。

さらに負荷を高めるには、水泳のクロールのように、片腕ずつ大きくグルッと回しながら

❶

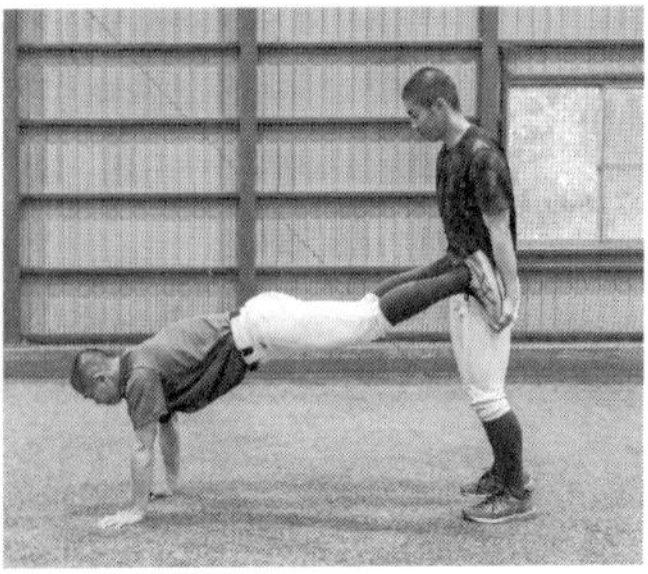

つまさきを持つことで、
正しい姿勢をキープしやすくなる

上体が「くの字」に折れるのはNG

片腕ずつ大きく回しながら前進することで、
より負荷が強くなる

❸

前進することで、バランスがより崩れやすくなる（**前ページ写真❸**）。肩回りの柔軟性を養うことにもつながり、一石二鳥のトレーニングとなる。

2 肘立て伏せ

◉体幹＋肩甲骨周りの強化

両足と両肘で身体を支えた体勢から、身体を前後に動かしていく（**写真❹**）。肘を固定しておくことで、地面から浮いた体幹の強化にフォーカスを当てることができる。踵から背中までが地面に対して平行になるように、体幹部に力を入れる。

また、両足と両肘で身体を支持した体勢から、「肩甲骨を開く→肩甲骨を閉じる」を交互に繰り返すことで、肩甲骨周辺の筋肉を鍛えることもできる（**写真❺**）。

❹

両足と両肘で身体を支えた体勢から、
身体を前後に動かす

❺

「肩甲骨を開く→肩甲骨を閉じる」を
交互に繰り返す

捻転運動の重要性

下半身の動きの肝が「並進運動」と「回旋運動」だとすれば、上半身のポイントは「捻転運動」にある。つまりは、捻りの動きであり、背骨、胸郭、肩甲骨周辺の柔軟性と連動性によって作り出される。

並進運動に入るタイミングで、背骨を中心に上体に捻りを加えることで、前足の着地から回旋運動に移るときに胸が張られ、強く速い腕の振りにつながっていく。「下が先行し、上が遅れて出てくる」とも表現される、身体の自然な動きである。「捻り戻しのエネルギー」と考えていいだろう。

「身体を捻る」という動作をイメージしたときに、腰を回そうとする選手も多いが、腰椎を捻ることは身体の構造上、不可能だ。腰は回らない。それにもかかわらず、腰で捻りを作ろうとすると、腰痛につながってしまう。

投球においては、股関節の回旋運動によって、その上にある脊柱（背骨）のひとつひとつが数度ずつずれていき、最終的に左右の肩の入れ替えが起きる。のちほどストレッチメニューを紹介するが、速い球を投げるためには、脊柱のスムーズな回旋運動が重要となる。

「捻り」が「隠し」を生み出す

打者に対して真横を向いた体勢で捻転を作ることで、ボールを持った利き手が上体に隠れるようになり、打者から「ボールが見えにくいフォーム」となる（次ページ写真❻）。一時期、意図的にボールを隠そうとするテイクバックの小さいフォームが流行り、高校生の中にもそういう投手が増えたが、ただ窮屈な動きになるだけで、スムーズな腕の振りを自ら邪魔していることがあった。過度に肘を曲げすぎると、力みにつながってしまうのだ。自ら隠そうとしなくても、捻転動作を少し加えれば、結果的に身体からボールは隠れるようになる。

ただし、ひとつだけ条件があり、テイクバックで背中の後ろまで利き手を引き込む投手は、捻りを加えると、打者から余計に見やすくなってしまう（次ページ写真❼）。後ろに引くことで、肩関節にロックがかかりやすいだけでなく、打ちやすいボールになってしまうことを覚えておいてほしい。

テイクバックの目安としては、自分の目で見える位置に上げるのが理想と言える。肩甲骨は背中に対して真っすぐ平行にピタッと付いているわけではなく、やや前方を向いている。腕を真横に上げようとすると、体側に対してやや斜めに向くのが、身体の構造上は無理のな

6

捻転を作ることで、
「ボールが見えにくいフォーム」となる

背中の後ろまで利き手を引き込む投手は、
余計に見やすくなってしまう

やや斜めに向くのが、
身体の構造上は無理のない角度となる

い角度となるのだ（**写真❽**）。

上半身は「使う」のではなく「使われる」

第2章の冒頭で紹介した4K。下半身であれば骨盤、股関節、上半身であれば肩甲骨、胸郭の柔軟性の向上が、パフォーマンスアップには欠かせない。

ではなぜ、肩甲骨、胸郭の柔軟性や連動性が必要なのか。

そこには、「上半身は自ら『使う』のではなく、『使われる』もの」という考えが大きく関係している。捻転を作り出したとしても、胸郭の動きが硬ければ、回旋運動によって生まれる胸の張りが小さくなる。肩甲骨の可動が狭ければ、肩関節の付け根から腕を使いにくくなり、必然的に腕の振りは弱くなってしまう。

「使われる」ための絶対条件は、上半身、特に肩甲骨周りを緩め、リラックスさせておくことだ。力を入れていると、僧帽筋あたりに余計な力みが入り、腕の振りを邪魔してしまうことになる。

下半身の動きで「割り」が大事なことを解説したが、上半身でも「割り」を作ろうとすると、リラックスさせるのが難しい。下半身で十分なエネルギーを作り出しているので、上は使われる準備をしておくことが重要になる。

さらに、無理に上体に力を入れて、「強く腕を振ろう」という意識だけが先行すると、肘や肩に負担がかかる投げ方になり、投球障害のリスクがどうしても高まってしまう。下半身で生み出したエネルギーを指先に伝えていくためにも、〝使われる準備〟を整えておきたい。

捻転トレーニング

❶ メディシンキャッチ・スロー（タイヤ乗せ）

◉捻り戻しの力でボールを返す

「上半身は使われる感覚」を身体に染み込ませるドリル。

タイヤの上に軸足を乗せた体勢から、軸足側の膝を曲げて、伸脚を行う。そのタイミングで、軸足の外側にトスされたメディシンボールを受け取り、ボールの重さを生かしたまま上体を捻り、捻り戻しのエネルギーでボールを返す**（次ページ写真❶）**。上半身はリラックスさせて、余計な力は入れないように注意する。

ボールをキャッチするときには、曲げた側の股関節、膝関節、つまさきの向きを揃える**（次ページ写真❷）**。第2章で紹介した伸脚のポイントを、ここでも忘れないように。そもそも、膝関節が内側に入ると、メディシンの重さに身体が負けて、後ろ方向に身体が持っていかれてしまうはずだ。股関節、膝関節、つまさきの3点を揃えることで、下半身の力を最大限に発揮できる。

❶

捻り戻しのエネルギーで、
メディシンボールを投げ返す

キャッチするときには、
股関節、膝関節、つまさきの向きを揃える

2 捻転スロー（タイヤ乗せ）

◉下半身のエネルギーを捻転につなげる

タイヤの上に軸足を乗せるのは1と同じだが、今度は投球動作に近付ける。投球と同様にステップ足を踏み込み、捕手に対して横向きの体勢を作る。ここから、伸脚の動きを生かして、軸足でタイヤを踏み込み、前足の股関節に体重を移す。このタイミングに合わせて、軸足股関節の内旋動作とともに上体を捻り、フォロースルーの動きを作る。フォロースルーでは、利き手側の肩が捕手側に向くまで体を捻る（**次ページ写真3**）。

注意点としては、上体の力で無理に捻り込もうとしないこと。あくまでも、軸足の踏み込みと股関節の内旋によって生まれたエネルギーを、上に伝えていく。

シャドウで動きを作ったあとには、メディシンボールを投球肩の近くにセットし、同様の動きを行う（**次ページ写真4**）。メディシンを持つのは筋力を強化する目的ではなく、重たいものを持ったほうが、捻転によって自然に腕が振られる感覚を得やすいからだ。

❸

軸足股関節の内旋動作とともに上体を捻り、
フォロースルーの動きを作る

❹

メディシンボールを持つと、捻転によって
自然に腕が振られる感覚を得やすい

肩甲骨に備わる6つの動き

４Kの３つ目の肩甲骨は、内側に寄せたり（内転）、外側に開いたり（外転）、上方に上げたり（挙上）、下方に下げたり（下制）、上方に回したり（上方回旋）、下方に回したり（下方回旋）と、さまざまな動きを備えている。ボールを投げるときは、これらの動きが複合的に、かつスムーズに行われる。肩甲骨の動きが悪ければ、肘が上がりにくいフォームにもなりかねず、何らかの弊害が起こりやすい。

サポート校で15年以上前からずっと続けているのが、長さ１３０センチ、重さ９００グラムのサプルバットを使った通称「棒体操」だ。毎日のウォーミングアップで必ず用い、特に肩甲骨や胸郭、脇腹のストレッチに重宝している。忘れてはならないのが脇腹で、身体の側面が硬くなると、脇腹から腰にかけての筋肉が引っ張られることによって、肘が上がりにくくなり、腕の振りにも悪影響が出やすい。

人間の本能なのかもしれないが、手に棒などを持つと、グルグルと回してみるなど何かしら動かしたくなるもの。何もない手ぶらな状態よりも、ストレッチに対する意識が向きやすいのではないだろうか。

肩甲骨・脇腹のストレッチ

1 肘上げ

◉外転の柔軟性を上げる

まずは現状での可動域をチェックしてみてほしい。ストレッチに取り組むことで、ビフォー・アフターの変化を実感できれば、気持ち的にもより前向きになるはず。開脚前屈のときにも触れたが、丁寧にストレッチに励めば、身体は必ず変わっていく。

さまざまなチェック方法があるが、簡単なやり方をひとつ。胸の前で両肘をくっ付けて、肘を離さないようにそのまま顔のほうに上げていく（**写真❶**）。肘が喉のあたりまで上がるのが一般的な基準となり、おでこの高さまで上げられる投手は、肩甲骨を外に開く「外転」の動きが柔らかいと判断できる。

❶

胸の前で両肘をくっ付けて、肘を離さないように顔のほうに上げていく

2 棒体操①

◉肩甲骨をできるだけ大きく動かす

肩甲骨の内転、外転、挙上、下制を組み合わせたストレッチ。

両手で棒の先端を軽く握り、ヘソの前にセット。片足を踏み出してから、大きく息を吸いながら胸を張り、手に持った棒を頭の上から背中の後ろにまで持っていく。そのあと、息を吐きながら、元の位置に戻す（**次ページ写真❷**）。肩甲骨をできるだけ大きく動かす意識で行うこと。

下半身をガチッと止めると、上半身への連動が途切れてしまうため、手を後ろに回すとき

❷

片足を踏み出してから胸を張り、
棒を頭の上から背中の後ろにまで持っていく

には地面を踏み込むように体重を前に移し、手を前に回すときは踵側に重心を移していく。

3 棒体操②

◉回旋動作にフォーカス

肩甲骨の上方回旋、下方回旋を組み合わせたストレッチ。肩甲骨の働きのひとつの特徴である回旋動作にフォーカスを当てている。動きが複雑なので、写真・動画をぜひ参考にしてほしい（**次ページ写真❸**）。

背中の後ろで何かを扱うことは、日常生活ではほとんどないことであるが、棒を持って行うことによって、スムーズさに欠ける動きが自分自身でわかってくる。得意な動きもあれば、不得意な動きもある、ということだ。毎日の棒体操でスムーズな動きを養うことで、連動性が磨かれていく。

❸

肩甲骨の上方回旋、
下方回旋を組み合わせたストレッチ

❹ 棒体操③

◉体幹の一部である脇腹を伸ばす

棒をヘソの前にセットしたあと、身体の前で棒を半時計回りに動かし、左手を右側の地面に近付けるように左の脇腹をグーッと伸ばす（**写真❹**）。右の脇腹を伸ばすときは、右手を左側の地面方向に近付けていく。手を遠くに持っていくほど、ストレッチがより効くようになる。

第4章の最初に解説したように、脇腹も体幹の一部である。体幹の働きを促すためにも、脇腹のコンディションを整えておきたい。

棒を回すように動かし、左右の脇腹を伸ばす

5 棒体操④

◉拳上・下制を身に付ける

肩甲骨の拳上・下制を養うストレッチ。両手で棒の先端を握り、手のひらを前方に向けた状態で、ヘソの前にセットする。ここから、肩甲骨の外転を使いながら、棒をグルリと回し、手のひらを自分の身体側に向ける。回し切ったところで、今度は肩甲骨の内転を使って、スタートポジションに戻る（**写真❺**）。

❺

▼

▼

肩甲骨の拳上・下制を養うストレッチ

6 ボール体操①

◉ボールを落とさないように肩甲骨を大きく動かす

続いては、両手のひらにボールを乗せた状態でのストレッチ。肩甲骨が正しく動けば、手のひらからボールが落ちることはないが、どこかでエラーが起きるとボールが落ちることになる。

肩甲骨がスムーズに動いているかどうか、ボールが教えてくれる。

胸の前で、肩甲骨をグッと開き、腕を前に伸ばした体勢からスタート。ボールを落とさないように、手首を背屈させながら、腕を真っすぐ耳の横にまで上げていく（腕で耳をふさぐ）。**（次ページ写真❻）**ここで、肩甲骨の動きが硬い選手は、耳をふさぐポジションまで肩を上げることができない。耳の横から、背中の後ろで肩甲骨（肘）をくっ付けるイメージで、腕を横に開き、ゆっくり下ろしていく。肩甲骨が後ろに引かれることで、胸が大きく張られることを実感する。腰のあたりまで下ろしたあと、再び肩甲骨を開いて、スタートの位置に戻す**（次ページ写真❼）**。

スタートから逆回しのバージョンもあり、さまざまな動かし方を身体に染み込ませていく。ボールを持たなくてもできるストレッチだが、「ボールを落とさない」というルールを設け

❻

ボールを落とさないように、手首を背屈させながら、腕を耳の横にまで上げていく

❼

腰のあたりからボールを上げていき、スタート位置に戻る

ることによって、肩甲骨をより大きく使う意識が高まる。

7 ボール体操②

◉体側を伸ばす

棒体操③と同じく、体側（脇腹）を伸ばすストレッチ。肩幅よりもやや広めに足を開き、ボールを持った手を頭の上から、逆足のほうまでゆっくりと伸ばしていく。頭の上に持っていくときには、手首を内旋させて、手のひらの上にボールが乗った状態を保ち続ける（**次ページ写真❽**）。自分の目でボールを見続けるイメージを持つと、上体を斜めに倒したときに脇腹がよく伸ばされるはずだ。

❽

自分の目でボールを見続けるイメージを持って
行うと、脇腹がよく伸びる

8 ボール体操③

◉肩甲骨を立体的に動かす

先に説明したボール体操の動きを、さらに複合的に組み合わせたもの。両手のひらにボールを置き、ヘソの前にセットしたところから、肩甲骨を外に広げるように、肘を外から回し、ボールを持った手を脇腹の下に通していく。ここからボールを落とさないように、手を頭の上にまで持ち上げ（上体が傾いても構わない）、そのまま回しながらスタートポジションに戻る**（次ページ写真❾）**。まずは片手ずつ取り組み、慣れてきたら両手で同時に行う。

雑技団のような動きになるが……、見た目以上に難易度が高いので、チャレンジメニューと位置付けている。遊び感覚で取り組んでみてほしい。

❾

肩甲骨を立体的に動かすための
ボール体操

肩周りの強化

1 ロープ回し

◉肩関節の固定筋を鍛える

肩周りの強さを養うトレーニング。肩の固定筋とも言われる、「深層筋」（棘上筋、棘下筋、小円筋、肩甲下筋）を鍛えることで、肩関節が正しいポジションに固定され、強い腕の振りにつながっていく。

利き手にロープを持ち、リリースポイントの体勢からスタート。ここから、肘をある程度伸ばした状態で固定し、身体全体を少し揺すり、カウボーイのようにぐるぐるとロープを回していく（**次ページ写真❶**）。肘を曲げすぎると、肩関節への負荷が弱くなるので注意が必要となる。

❶

リリースポイントの体勢から、
身体全体を少し揺すりながらロープを回す

胸郭の柔軟性を高める

4Kの最後が胸郭の柔軟性となる。12個の胸椎、左右12対の肋骨、1個の胸骨から成る鳥かご状の骨組みを指す。「骨組みの柔軟性」と考えると、イメージがしづらいかもしれないが、特に、胸椎や肋骨と肋骨の間にある肋間筋の動きにフォーカスを当てていきたい。

肩甲骨を内側に寄せると、胸が張られてくるが、これは表面的な動きだけで、胸郭そのものはさほど動いていない。胸郭を広げて（上げて）胸を張るか、肩甲骨を寄せて胸を張るかは、ピッチングにおいては大きな違いがある。なぜなら、肩甲骨を寄せると、肩関節の可動域が狭くなり、肘が上がりにくい状態になってしまうからだ。

大事なのは、肩甲骨を緩めた状態で、胸郭を広げられるような身体を作ること。それによって、回旋運動時に胸郭が広がり（胸が張られ）、肘の上がりやすさを生み出すことができるのだ。

胸郭のストレッチ

1 ストレッチポール

◉呼吸とともに胸郭を広げる

ストレッチポール（円形の筒）を利用した胸郭のストレッチ。肩甲骨のもっとも下のラインにストレッチポールを置き、その上に仰向けで寝る。息を吸いながら、両手を頭の後ろに伸ばし、頭を地面に着くぐらい下げることで、胸を大きく開くことができる。この体勢から、今度は息を吐きながら、目でヘソを見るようにして上体を起こしていく（**写真❶**）。

呼吸とともに、大きくゆっくりと動作を行う。息を吸えば胸郭が上がり、息を吐けば胸郭は下がる。呼吸に連動していることを実感しておきたい。

❶

頭を地面に着くぐらい下げることで、
胸を大きく開くことができる

2 ブリッジ

◉複合的なストレッチ

子どもの頃から親しみのあるブリッジ。柔軟性だけでなく、強さも必要であり、複合的なストレッチを兼ねる。

ブリッジを完成させるには、肩関節と胸郭の柔軟性が必須となる。柔軟性があってこそ、橋のようなアーチを描くことができる（**写真❷**）。足のほうは股関節の伸展が必要で、下半身を支えるための大殿筋やハムストリングスの筋力も求められる。つまさきで立つようにすると、より強い負荷がかかる（**写真❸**）。

じつは、ブリッジがうまくできるようになると、走りのフォームも良くなってくる。股関節の伸展動作は、足を上げるための腸腰筋に刺激を入れる効果もあり、ブリッジを積み重ねて行うことで、スムーズに足が上がり始める選手が多い。さまざまな相乗効果が見られるだけに、おすすめのストレッチである。

柔軟性があってこそ、橋のようなアーチを描くことができる

つまさきで立つようにすると、より強い負荷がかかる

捻転動作に欠かせない背骨の柔軟性

「使われる上半身」を身に付けるために、肩甲骨、胸郭とともに、もうひとつの大きなポイントが背骨の柔軟性だ。第4章の冒頭で、「脊柱（背骨）のひとつひとつが数度ずつずれていき、最終的に左右の肩の入れ替えが起きる」と記したが、もう少し詳しく解説したい。

背骨は、24個の骨が積み木のように積み重なっていて、骨と骨の間の関節が動くことによって、右に捻ったり、左に捻ったり、上体を丸めたりすることができる。下半身を固定した状態で考えると、左右に回旋できる角度は関節ひとつにつき、せいぜい1度程度しかない。この1度が合わさることで、上体が大きく捻られているように見えるのだ。わずか1度であっても、それぞれの合わせ技で大きなエネルギーを生み出すことができる。

ただ、日常的に背骨を回旋する動作はほとんどない。肩甲骨にも言えることだが、手元にあるスマホやパソコンの操作をするときは、上半身を固めて、手先だけを動かしたほうが操作性は高まる。黒板の字をノートに書き写すときも、もしかしたらそうかもしれない。この使い方が日常生活の大半を占めてしまうと、肩甲骨や背骨の動きはどうしても固まっていきやすい。それをほぐすためにも、毎日のストレッチが必要になる。

背骨のストレッチ

1 対角線捻り

◉股関節＋背骨の柔軟性

股関節周りの柔軟性と、背骨の捻転を引き出す複合的なストレッチ。背中の後ろに棒をかつぎ、骨盤を前傾させた体勢（上半身と地面を平行に）を作る。右手を左足、左手を右足に交互に付けるように、股関節を回旋させ、背骨を捻る**（写真❶）**。股

❶

▼

▼

骨盤を前傾させた体勢から、
股関節を回旋させて背骨を捻る

関節と背骨のどちらにも効くため、ウォーミングアップで取り入れておきたい。

2 上体捻り

◉下の動きを止めて背骨の捻転にフォーカス

椅子に座り、下半身の動きを止めた状態で、背中の後ろにかついだ棒を左右に回していく。下を固定することで、背骨の捻転にフォーカスを当てやすい。膝を90度に曲げたやり方（**写真❷**）と、開脚姿勢のように膝を伸ばしたやり方（**写真❸**）の2通りがある。足を開いた状態から、背骨の捻転運動を作っていくことが、投球時の回旋運動につながっていく。

実際の投球フォームで説明すると、軸足の股関節を内旋させると骨盤が捕手方向に回り、上半身も向いていく。この時点ではまだ背骨の捻転はほとんど使われていない。骨盤が向いたところから背骨を捻転させることで、投球側の肩が前に出て、さらに前屈を入れることで、リリースポイントが捕手寄りに移っていく（**次ページ写真❹**）。

❷

下半身の動きを止めた状態で、
棒を左右に回していく

❸

背骨の捻転運動を作っていくことが、
投球時の回旋運動につながる

❹

捻転からさらに前屈を入れることで、
リリースポイントが捕手寄りに移っていく

3 起き上がり

◉背中＋股関節の柔軟性

背中を丸める柔らかさに加えて、股関節の屈曲の柔軟性を養う起き上がりストレッチ。4段階のレベルがあるので、どこまでできるかチャレンジしてみてほしい。

① 地面から尻をやや浮かせて、しゃがみ込んだ体勢から、後方にゴロンと身体を預け、起き上がりの勢いで立ち上がる。足や手で反動を付けても構わない（写真❺）。

② 今度は胸の前で手をクロスさせ、手で勢いを付けられない状態から起き上がる（次ページ写真❻）。

③ ①の動きを片足で行う（次ページ写真❼）。

④ 手で片足を持った状態から後方に身体を預け、起き上がる（次ページ写真❽）。

股関節の屈曲が硬い選手は、起き上がるときに身体の近くに足を着くことができず、うまく立つことができない。③と④は柔軟性だけでなく、筋力の強さも必要になってくる。

❺

後方にゴロンと身体を預け、
起き上がりの勢いで立ち上がる

❻

胸の前で手をクロスさせ、
勢いを付けられない状態から起き上がる

❼

片足で後方にゴロンと身体を預け、
起き上がりの勢いで立ち上がる

❽

手で片足を持った状態から
後方に身体を預け、起き上がる

グラブハンドは「引く」ではなく、身体を「近付ける」

上半身の最後はリリースについて。

第1章で「ひとつの目安として、身体が回転したときに、踏み出した足の膝の延長線上にまで利き腕の肘を持ってくる。そこから、肘を伸ばし、踏み込んだ足（靴）の延長線上に利き手がくる。あくまでも目安ではあるが、ここまでボールを持ってくることができれば、斜め下方向に強い球を放れる確率が上がる」と解説したが、もう少し補足しておきたい。

当然、リリースは「利き手」によって行われることだが、逆手であるグラブハンドの使い方ひとつで、リリースポイントにずれが生じる場合もある。大きく分けると考え方はふたつあり、「グラブを自分の身体のほうに引く」か、あるいは「グラブに自分の身体を近付ける」か。

そもそも、投球において、グラブハンドはどんな役割を担うのか。それを理解できると、理に適った使い方が見えてくるのではないか。私自身は、「支点を作る」と考えている。下半身の回旋の支点が、前足の股関節であれば、上半身の支点はグラブハンドになる。理想を言えば、グラブハンドからリリースまでの距離を長く作りたい（**写真❾**）。さらに言えば、できるかぎり、捕手寄りに支点を作りたい。

そう考えると、グラブを引く使い方では、マイナス方向（捕手側とは逆）に引くことになる。ま

グラブハンドからリリースまでの距離を長く取るのが理想

た、引こうとすることで、支点がぶれるリスクも生まれる。

私が推奨するのは、「グラブに自分の身体（胸）を近付ける」という使い方だ。「グラブにぶつけるように、身体を押していく」と言い換えてもいいだろう。

もしかしたら、外から見たときの動きの違いはわずかかもしれないが、投手自身の感覚はまったく別物になるはずだ。引く意識が強い投手は、「近付ける」「押していく」を試してみてほしい。

ボールを押し込む「指力」を鍛える

何度も繰り返しているが、最終的にボールを投げるのは手である。リリースの瞬間に、ボールに力を加えられるのは指先しかない。速い球を投げたければ、この事実を十分に理解して、指先の強化に時間を注ぐ必要がある。

ただし、指先をどれだけ鍛えたとしても、使われる状態にしておかなければ、宝の持ち腐れとなってしまう。「上半身は使われる」という考え方と同じだ。

指先に最大の力を入れるのはリリースの瞬間のみで、そこに持っていくまでにはできるだけ力を抜いておく必要がある。なぜなら、余計な力みが入っていると、ボールを投げるときに前腕に緊張が走り、手首の関節が使いにくい状態になってしまうからだ。肩から先の関節が連動し、柔らかく使われるからこそ、指先までがムチのようにしなる。

そのうえで、ボールを握る指は、握る力以上に挟み込む力を鍛えていく。握ろうとすると、どうしても手首が固まってしまい、ボールに回転をかけるのが難しくなる。投手の本能として、速い球を投げたいと思えば、握る力は自然に生まれるもの。わざわざ、そこにフォーカスする必要はないと考えている。

リリースの感覚を掴む

1 ムチ振りシャドウ

◉腕を止めることで指先が走る

肘から先のしなりを体感するシャドウスロー。下半身を止めた状態で腕を振る（**次ページ写真❶**）。人差し指・中指と親指がぶつかることで、「パチン！」と強い音が鳴れば合格だ。音が鳴る投手は、腕をムチのように使え、指先にまでしなりのエネルギーが伝わっている証と言える。

じつは、簡単なように見えて意外に難しい。強豪校の投手であっても、強い音はなかなか鳴らない。コツは、強く腕を振ろうとするのではなく、振り終わりで止める意識を持つこと。動きが止まるからこそ、肘から先がしなる。実際にボールを投げるときも、腕を振ってはいるが、振りっぱなしではない。この感覚がわかってくると、腕の振りは確実に速くなる。

❶

指同士がぶつかることで、
「パチン！」と強い音が鳴れば合格

❷ スポンジボール潰し

◉ボールを挟み込む

ボールを強く握ると、手首の動きが固まってしまうのはすでに説明したとおり。優しく握る感覚を摑むために、スポンジボールを軽く握る。そのうえで、リリースの瞬間をイメージして、人差し指・中指・親指の3本で、スポンジボールを強く挟み込む（**写真❷**）。指を立てるのではなく（写真❸）、ある程度、関節に緩みを持たせておくのがポイントになる。はじめから、指を立てる意識を持つと、ボールを強く握りすぎてしまう投手も意外に多い（写真❹）。

なぜ、挟み込む力が重要なのか。解剖学的な視点からも、補足しておきたい。自分の手のひらを、逆側の手で指先から手首に向かって、軽く挟み込むように触診してみてほしい。指の骨がどのあたりから伸びているか、わかるだろうか。じつは、指の骨は手のひらの半分あたりから伸びている。指先を立てて握るよりも、挟み込むイメージを持ったほうが、指の骨を最大限に使うことができる。

❷

人差し指・中指・親指の３本で、
スポンジボールを強く挟み込む

指を立てるようにして摑むのはNG

指を立てる意識を持つと、
ボールを強く握りすぎてしまう

3 鉄球キャッチ

◉挟み込む力を養う

5～10キロの鉄球（または鉄アレイ）を使い、ボールを挟み込む力を鍛えるトレーニング。ストレートの握りで鉄球を持ち、肘を使って地面から引き上げる。人差し指・中指・親指で鉄球に圧力をかけ、挟み込む力を利用して、手から鉄球を引き抜く。地面に落ちる鉄球を、人差し指・中指・親指の3本指でなるべく低い位置でキャッチする（**写真❺**）。引き抜くときとキャッチするときに、挟み込む力が養われる。

❺

ボールを引き抜くときとキャッチするときに、
挟み込む力が養われる

大小さまざまなボールを投げる

20年近く高校生の指導に関わっていると、毎年のように投げることに悩む投手と出会う。打者の背中側にボールが抜けたり、捕手が立ち上がっても捕れないような大暴投を放ったり、ストライクゾーンの近辺にも投げられなくなってしまう。エース格の投手が、何かをきっかけにして、突如乱れ始めることもある。「イップス」という言葉を安易には使いたくないが、技術面、精神面で何かしらのずれが起きている可能性は否定できない。

ひとつの傾向として、「ボールを強く握りすぎている投手に起こりやすい」と感じる。リリースで力を込めるのは当然であるが、リリースに向かう以前の段階から強く握ってしまう。末端に力が入れば、手首や肘、肩関節の動きが硬くなり、連動性が失われる。こうなると、指先で調整せざるをえなくなり、運動連鎖を無視した投げ方になるのは致し方ないと言えるだろう。

この状態に陥っている投手に、「もっとボールを軽く握って」と言っても、ほとんど効果はない。何が正しい感覚なのか、自分でもわからなくなっているからだ。

過去に甲子園に出場したエースの中にも、下級生のときにコントロールに悩んでいた投手がいた。ボールがどこに行くかわからず、試合のマウンドになかなか上がることができなかった。彼には、「ソフトボールやハンドボールを投げてみよう。ドッジボールでもいいし、ピンポン球でもいい。人に投げるのが怖いのなら、ネットスローでいいから」とアドバイスを送った。

その意図は、硬球のように強く握れないボールを投げることで、指先の感覚を取り戻してほしかったからだ。ドッジボールやハンドボールは、硬球よりも重たくて大きいため、肘がしっかりと上がってこないと、回転をかけることができない（写真❻）。

「一流投手を目指すなら、投げることの達人であれ」

これが、私の考えである。アメフトのボールでも、やり投げでも、きれいに美しく投げてほしい。硬球の重さと大きさだけに固執していると、どこかで壁にぶつかってしまう可能性がある。

重くて大きなボールは、肘がしっかりと
上がってこないと回転をかけることができない

第5章

ウエイトトレーニングを極める

可動域＋連動性＋筋肥大＋関節強化

140キロを投げるために必要なポイントとして、最大並進運動＋回旋運動によって、下半身から体幹、上半身にエネルギーを伝えることの重要性を解説してきた。そのためには各関節の柔軟性、連動性が求められ、動ける身体を備えておくことが必須となる。

さらに付け加えると、速い球を投げたいと思うのであれば、高い出力を生み出す身体の強さは絶対に必要となる。MLBで活躍する大谷翔平投手を見てもわかるように、フィジカルを鍛えることをやめてしまったら、アスリートとしての成長は止まってしまう。

そこで第5章では、ウエイトトレーニングについて詳しく紹介していきたい。

高校生にもなれば、学校に簡易的なウエイトルームがあり、先輩のやり方を真似しながら取り組んでいる選手も多いだろう。もしかしたら、本やインターネットを活用して、独学で勉強している選手もいるかもしれない。高校時代の私が、まさにそうだった。トレーニングの専門書を読みあさり、グラウンドの脇に落ちていたプレートやシャフトを集め、その環境でできることを最大限やり続けた。

なぜ、投手にウエイトトレーニングが必要なのか。

その効果として、第一に「筋力アップ」が頭に浮かぶ選手が多いと思うが、決してそれだけではない。大きく分けると、ウエイトトレーニングは4つの意味と効果がある。

① 関節の可動域を広げる
② 連動性を覚えるフォーム作り
③ 筋肥大
④ 関節強化

重たい器具を持つということは、自重でのストレッチよりも、関節に負荷がかかる。たとえば、スクワットで腰を沈めた場合、バーベルの重さがある分、股関節がより屈曲され、可動域が広がるとともに関節の強化にもつながる。

また、重たいものを扱おうとしたら、手先だけではどうにもならないことが起こる。高校生がスクワットで100キロの重さを挙げるとしたら、上半身の力だけではどう考えても無理が生じる。地面をしっかりと踏み込み、股関節周辺の筋肉を働かせることで、下半身のエネルギーを上に伝えていくことができる。

取り組むうえでの注意点はひとつ。

「適切な時期に始め、正しいフォームで行うこと」

骨盤や股関節の柔軟性、連動性が欠けた状態で重たい器具を持ち上げると、腰を痛めるリスクが伴う。筋力が上がったとしても、身体の中心部にある腰を痛めてしまえば、パフォーマンスは間違いなく落ちる。高校入学後、すぐにウエイトトレーニングを取り入れるチームもあるが、リスクがあることも覚えておいてほしい。

投手のウエイトトレーニングにはリスクがある？

投手がウエイトトレーニングに取り組むことに関して、「肩の筋肉を付けすぎると腕が振れなくなるのでは？」「大胸筋が発達すると、腕を振るときに邪魔になるのでは？」といった疑問の声が出てくることがある。プロ野球選手の中にも、「下半身のトレーニングはやるが、上半身には筋肉をあまり付けたくない」と考える投手もいると聞く。

私の持論は、「投手であっても、野手と同様にウエイトトレーニングに力を入れるべき」。150キロ以上のフォーシームを当たり前のように投げるメジャーリーガーたちは、肩の筋肉がパイナップルのように盛り上がっている。だからといって、腕の振りに悪影響が出ているとは微塵も感じない。大胸筋が盛り上がっていても、投球時に支点となるのは前足の股関節であり、腕を振るときには胸は開いた状態になっている。決して、邪魔になるようなことはない。

そもそも論として……、高校生が取り組むウエイトトレーニングの負荷で、筋骨隆々の格闘家のような身体になることはない。「筋肉が付きすぎたらどうしよう」なんて心配は無用。身体の土台作りの一環として、ぜひ取り入れてみてほしい。

ウエイトトレーニングでエンジンを大きくする

速い球を投げるには、身体全体のエンジンの出力量を増やさなければいけない。エンジンとは、わかりやすく言えば、パワーである。ウエイトトレーニングをやらない選択は、エンジンを大きくするチャンスを失うことにもなる。高校野球では体重を増やすことに力を入れる学校が多いが、それが脂肪で増えているのか、あるいは筋肉量で増えているのかでは大きな違いがある。

スポーツ科学の世界では、「パワー＝筋力×スピード」の公式が存在する。ウエイトトレーニングは、筋力に特化したものを思われがちだが、それは大きな勘違いである。筋力強化を図ることによって、筋細胞が活性化し、その活性化した筋肉が連動することで、スピードを高めることにもつながる。スクワットで挙げる重量が増えていくことによって、足が速くなる事例はいくらでもある。

筋力もスピードもどちらも大事だが、優先順位としては筋力が先にくる。スピードの強化が先にくると、「速さ」を追い求めてしまい、フォームが乱れたり、全身のバランスが乱れたりする恐れがある。そこにある程度の筋力があれば、速さを求めても崩れないバランスを保てるようになるのだ。

ベンチプレスは換算MAX80キロ以上が合格ライン

ウエイトトレーニングの専門書を見ると、無数のメニューが掲載されている。どのメニューも正しく行えば効果があるのは間違いない。ただ、高校2年半（＝880日）という限られた期間、かつ平日の練習は一般的に3時間程度だと考えると、あれもこれも手を出すと、広く浅くになり、思ったよりも効果が上がらないことがある。

私の考えは、「BIG3に真剣に丁寧に取り組めば、成果は確実に上がる」。BIG3とは、下半身の強化にフォーカスを当てたスクワット、デッドリフト、上半身強化がメインのベンチプレスである。サポート校では、この3種に徹底的に取り組んでいる。

ひとつの目安として、ベンチプレスは換算MAX80キロ以上が目指すべき数字になる。チームとしても、2年生の12月（年内）までの合格ラインは、「平均80キロ以上（2年生のみ／換算MAX）」。2012年春に健大高崎がセンバツベスト4に勝ち進んだとき、2年生の平均が80・2キロだったことから、この目安を設けるようになった。それ以降も、甲子園で勝てるチームはこの数字を超えている。投手にも、必ずクリアしてほしい重量である。

換算MAXとは、「ベンチプレスで75キロが5回挙がれば、MAXは80キロ」（測定設定重量を1回挙上すれば、プラス1キロの目安）と、感覚的ではあるが、私の中でおおよその計算式がある。MAXの数値（1回挙げればOK）を求めると、フォームを度外視して、無理やりにでも挙げようとすることで、ケガをしてしまう恐れがある。それを防ぐために、MAX1回には挑戦させないようにしている。

2023年のセンバツに出場した健大高崎は、2022年12月の計測で2年生の平均が88・3キロと、高い数字を残していた。前回の計測（2022年10月）からの成長率も109・6パーセントあり、平均80キロをクリアしても満足することはなく、向上心の高い集団に育っている。

ベンチプレスと同様に、柔軟性（開脚前屈でおでこが地面に着くかどうか）も定期的にチェックしているが、全員がクリアしたのは同じく健大高崎の2年生だけだった。ベンチプレスは自分の体重にも影響されるが、柔軟性の向上は「努力の証」と言える。甲子園に出るチームは、やるべきことに継続的に取り組める力がある。

ケガ防止&レスト確保のために3人一組で回す

ウエイトトレーニングに取り組むときの約束事について触れておきたい。一番避けなければいけないのは、アクシデントによる事故だ。無理な負荷に挑戦して、シャフトが自分の身体に落ちてくる可能性があることを、常に頭に入れておいてほしい。そのため、革手（バッティンググローブでもOK）の着用と、土台を安定させるために靴を履くこと。素手で行うと、シャフトが滑ってしまうことや、最悪の場合は指を挟んでケガをしてしまうこともある。

サポート校で徹底しているのは、ひとつのメニューに対して、「3人一組」で回すこと。「1セット10回×5セット」を基本にして、1セット終わるたびに、次の選手に交代していく。3人一組にすることで、残りの2人はフォームの確認に加えて、バーベルが挙がらなくなったときの補助に回り、休憩の時間に充てることもできる。

1セットにかける時間にある程度の目安を設けていて、「1セット10回＝20〜25秒」にしている。次の人への準備等を考えると、1セットおよそ1分で、3人が1セット終えるのに3分。この計算でいくと、セット間のレストは2分。あまりにレストがありすぎても、だらだらした空気になってしまうので、このぐらいがベストだろう。

頻度としては、シーズン中は1週間に1〜2回。シーズンオフになれば1週間に2〜3回で、1か月だと10回ほど。しっかりと休み、疲労を回復させることも重要になる。決して、毎日やることがいいわけではないことを覚えておいてほしい。

適正重量を理解しておく

ウエイトトレーニングで難しいのが、個々の選手に合った適正重量の設定である。ベンチプレスの目標が80キロであったとしても、そこまでの筋力がない選手が、いきなり80キロに挑戦しても何ら意味のないものになってしまう。

まず、大事にしてほしいのが、正しいフォームで行うことだ。BIG3であれば、はじめは40キロからフォームを作っていく。高校1年生は必ずここからスタートし、個人の筋力に合わせて、重量を増やす。5セット行う中で、3セット目を楽にクリアできるようになれば、次の重量に進んで構わない。

増やし方は、上半身（ベンチプレス）は現在の重量から5パーセント、下半身（スクワット、デッドリフト）であれば10パーセント増やす。ただ、いちいち計算するのも面倒だと思うので、ざっくりと「上半身は＋5キロ」「下半身は＋10キロ」と覚えておくといいだろう。

もうひとつ大事なことは、ＢＩＧ３のバランスを知ることだ。ベンチプレスの重量を基準にして、デッドリフトとスクワットの１セットあたりの適正重量を計算することができる。

- デッドリフト1セットあたりの重量
（ベンチプレスMAX×2・3×0・8）
- スクワット1セットあたりの重量
（ベンチプレスMAX×1・8×0・8）

ベンチプレスの換算ＭＡＸが80キロであれば、デッドリフトは１４７キロ、スクワットは１１５キロがひとつの目安になる、ということだ。このＢＩＧ３のバランスが崩れている選手は、「上半身は強いが、下半身の力がまだまだ弱い」といったことがわかってくる。

ただ、これはあくまでも目安であり、デッドリフトに関しては、正しいフォームを習得できていない段階で強い負荷でやりすぎると、腰を痛めてしまうリスクもある。最初から重さだけを求めることがないように、注意してほしい。

BIG3

❶ スクワット

◉後面の筋肉を鍛える

ＢＩＧ３でもっとも重視しているのがスクワット。下半身の筋力を付けるのに、一番適したトレーニングであり、「アクセル筋」とも呼ばれる身体の裏側にあるハムストリングス、大殿筋、背筋などを重点的に鍛えることができる。さらに、骨盤の前傾・後傾の動きを引き出すこともでき、強さと柔らかさの両方を得られるメニューである。

まず、両足を肩幅程度に開く。肩幅よりも開きすぎると、骨盤の前傾・後傾の柔軟性を得にくくなるので、肩幅程度がベストになる。シャフト（バー）を持つ手は、肘の角度を90度にして、肘をしっかりと張ることで胸も張られてくる。後ろから見たときに、きれいな「Ｗ」を描けていればＯＫだ**（次ページ写真❶）**。

しゃがみ込むときは、膝を前に出すのではなく**（次ページ写真❷）**、尻から動き、腰を落としていく。太ももと床、脛と上半身が平行になるところまで腰を下げたあと、地面を踏み込む力を利用して、バーを上げていく（**写真③**）。平行の位置にまで下げることで、身体の後面の筋肉に負荷をかけることができる。はじめのうちは、外から見ているパートナーに、姿勢を確認してもらうといいだろう。

呼吸も重要で、スタート姿勢からしゃがみ込むときに息を吸い、しゃがみ込んだら息を止めて、シャフトを一気に上げる。上げ切ったところで息を吐く。擬音にすると、「スッ、フッ、ハーッ」というイメージだ。

後ろから見たときに、
きれいな「W」を描けていればOK

しゃがみ込むときに、
膝を前に出すのはNG

❸

太ももと床、脛と上半身が
平行になるところまで腰を下げたあと、
バーを上げていく

2 デッドリフト

◉高校生向けのやり方で後面を鍛える

スクワットと同様に、身体の後面を鍛えていくトレーニング。

一般的なデッドリフトは、地面に置いたシャフトを膝の高さまで引き上げ、そこから腿の高さまで引き上げる二段階方式になる。ただ、高校生がこのやり方を行うには身体への負荷が高いため、シャフトを持った状態でのデッドリフトをすすめている。

順手と逆手でシャフトを持ち（順手と順手よりも力が入りやすい）、腿の前にセットしたところがスタート姿勢となる（**写真④**）。ここから、シャフトと腿の前を離さないようにして、骨盤の前傾を促していく。膝頭の上あたりでシャフトを止めて、巻き戻しをするようにスタート姿勢に戻る（**写真⑤**）。尻やハムストリングスに負荷を感じていれば、正しいやり方と言える。

注意点は、踵重心になることで膝が曲がりすぎて、大腿四頭筋に負荷がかかってしまうことだ（**次ページ写真⑥**）。これで

順手と逆手でシャフトを持ち、
腿の前にセット

5

シャフトと腿の前を離さないよう、
骨盤の前傾を促していく

は、本来の目的である身体の後面を鍛えることができない。意識としては、つまさき側に体重を乗せたほうが、トレーニング効果を得やすい。

3 ベンチプレス

◉上半身の強化

大胸筋や上腕三頭筋を強化するトレーニング。

床に両足の裏、ベンチに尻、背中、肩、頭と、5点をしっかりと着けた状態で、シャフトを上げ下げする（**写真❼**）。重さに耐えられなくなると、足の裏が浮くなど体勢が崩れやすいが、危険を伴うとともにトレーニング効果が薄くなる。

目線の上にシャフトがくる位置に寝て、シャフトに対して手首から肘までが垂直になるように握る（**写真❽**）。目線からずれたところに寝ると、動作中にシャフトがラックに当たる恐れがある。

息を吸いながら、胸の高さまで下ろし、息を止めながら一気に押し上げる。このとき、胸を張った状態で、肘だけを伸ばす意識を持つこと。大胸筋の力を緩ませないようにしておく。

踵重心になることで
膝が曲がりすぎるのはNG

⑦

両足の裏、ベンチに尻、背中、肩、頭を
しっかり着けて、シャフトを上げ下げする

⑧

シャフトに対して手首から肘までが
垂直になるように握る

投手に適したウエイトトレーニング

このBIG3は、投手・野手にかかわらず、すべての選手におすすめのウエイトトレーニングとなる。そのうえで、投手のパフォーマンスを上げるメニューとして、さらに4つを紹介したい。広背筋、肩周り、上腕三頭筋などを強化する目的で、出力を高めることにつながっていく。

1 プルオーバー

◉背中側の筋肉を強化

広背筋を鍛えるとともに、肩周りや胸郭のストレッチ効果を狙ったトレーニング。重量は、はじめはフォームを作るために10キロ程度から始め、25キロ程度まで増やしていくのが望ましい。

長椅子の前に座り、肩幅よりも広めに足を開き、仰向けの状態で椅子の上に背中と後頭部を着ける。両肘を伸ばした状態でプレートを握り、胸の前でセット。ここから両肘を90度に

❶

▼

▼

▼

▼

▼

両肘を90度に曲げたまま、
プレートを頭の後ろにまで持っていく

曲げて、プレートを頭の後ろにまで持っていく。両肘が外側に割れないように注意。頭の後ろまで持っていったあと、肘を曲げたまま、プレートをヘソの前に持ってくる（**前ページ写真❶**）。尻が上がることがないように、足の裏でしっかりと踏ん張っておく（**写真❷**）。呼吸は、ベンチプレスのときと同様に、吸って、止めて、吐くのリズムを意識する。

尻が上がることがないように、
足の裏でしっかりと踏ん張っておく

❷ ローイング

◉広背筋を鍛える

背中を中心とした広背筋を鍛える。目安の重量は40キロ程度。

立った姿勢から順手でシャフトを握り、骨盤を前傾させる。シャフトを脛の前に持っていき、背中が丸まらないように真っすぐに起こす。ここから、シャフトを脛のほうにくっ付けてから、広背筋を使って、ヘソまでシャフトを引き上げる（次ページ写真❸）。背中のほうに刺激を感じることができれば、正しい動きとなる。

また、プレートを使用した片手バージョンのローイングもある。右手でプレートを持ち、逆側の足を前に踏み出した姿勢がスタートポジション。プレートを真上に上げるのではなく（次ページ写真❹）、肘を使って斜め後ろ方向に引き上げる（212ページ写真❺）。このとき、肩の位置が上下しないように、左右の肩を結んだラインを真っすぐにしておく（213ページ写真❻）。

❸

▼

▼

▼

▼

広背筋を使って、
ヘソまでシャフトを引き上げる

プレートを真上に上げるのはNG動作

肘を使って斜め後ろ方向に
プレートを引き上げる

❺

肩の位置が上下しないよう、
左右の肩を結んだラインは真っすぐに

3 アップライトロー

◉肩周りの強化

三角筋を中心とした肩周りの筋肉を鍛えるトレーニング。目安の重量は20キロ程度で行う。肩幅よりも狭い間隔でシャフトを握り、腰の前にセットする。肘を上げる意識でシャフトを引き上げて、アゴの高さまで上げたあと、スタートポジションに戻る（**次ページ写真❼**）。シャフトを上げるときに息を吸い、下ろすときに息を吐く。

❼

肘を上げる意識で、
アゴの高さまでシャフトを引き上げる

肘ではなくシャフトから挙げようとすると、肩周りを鍛えることにつながらないので、正しい動作を習得してほしい。

4 チョップ

◉肘を伸ばす上腕三頭筋の強化

重量を挙げるウエイトトレーニングの部類からは外れるが、腕を速く強く振るために必要な上腕三頭筋のトレーニングを紹介して、本章を締めたい。

上腕三頭筋は、トップからリリースに向けて、肘を伸ばすときに使う重要な筋肉となる。柱などに引っかけた伸縮性のあるロープを、利き腕の人差し指・中指に引っかけて、投球動作をイメージしながら肘を伸ばしていく**（次ページ写真❽）**。

上腕三頭筋の鍛え方はさまざまあるが、投手には肩関節よりも肘を上げた状態で行ってほしい。実際に、ピッチングで求められる関節の位置関係を再現してほしいのだ。表現を換えれば、脇が空いた状態で肘を伸ばしていく。さきほどのプルオーバーも、上腕三頭筋のトレーニングにつながる。

❽

ロープを利き腕の人差し指・中指に引っかけて、
投球動作をイメージしながら肘を伸ばしていく

第6章

プログラムを極める

1年時の土台作りがその先に生きる

「はじめに」でも述べたとおり、高校野球は2年半、およそ880日で勝負しなければいけない世界である。この880日を長いと思うか短いと感じるかは、日々の充実度によっても変わってくるだろう。どちらにしても、先のことを見据えながら、しっかりと計画立てて、身体を作っていく必要がある。

最近は、中学時代に硬式野球で注目され、中3時には140キロを超えるストレートを記録する投手まで生まれている。これだけ高い能力を持っていれば、高校でのデビューも必然的に早まる。1年生の春や夏に活躍すると、「スーパー1年生!」とメディアに取り上げられることも多い。

早くから活躍することは、決して悪いことではない。それだけの能力がある、という証である。ただし、気をつけなければいけないのは、日頃の練習から上級生と同じAチームに入ることによって、1年生が本来取り組むべき土台作りの時間が減る可能性があることだ。さらに、夏の大会のベンチ入り候補ともなれば、どうしても実戦練習が増えていく。

当然、体力面ではまだまだ弱いところがあるので疲労が重なり、1年生の秋を迎える頃には、「入学当初のほうが、勢いのあるボールを投げていたのでは？」といったことが起こりうる。「スーパー1年生」と騒がれた投手が、思ったほど成長していかない事例の多くには、こうした背景が見える。

指導者のみなさんに伝えたいことであるが、1年生がどれだけ速い球を投げていても、投げ続ける体力はまだ持っていない。骨盤の動きや股関節の柔軟性、連動性に関しても、高校入学後、丁寧に時間をかけて養うところだ。また、骨格を見ても、「骨端線」(骨の成長線)が消えていないケースが多く、過剰な負荷によって障害が生じる恐れがある。投げる才能に恵まれた投手ほど、1年時の土台作りを大切にしてほしい。

ここまで、さまざまなトレーニングメニューを紹介してきたが、第6章では総合的な視点で、練習プログラムの組み方を提案していきたい。

トレーニングの原理原則を理解する

トレーニングに取り組むときに、プレーヤー自身に知っておいてほしいのは、「トレーニングの原理原則」を理解することだ。前著でも紹介しているが、大事なポイントなので改めて掲載したい。

ドイツの発生学者であるウィルヘルム・ルーが提唱した『ルーの法則』と呼ばれるもので、「筋肉は使わなければ衰え、適度に使えば維持・発達し、過度に使えば障害を起こす」という考えに基づいている。

①過負荷の原理
（負荷を上げていくことによって、向上する）

②特異性の原理
（トレーニングの刺激に対してのみ、向上する）

③可逆性の原理
（トレーニングを休止すると、元に戻る）

④全身性の法則
（局所的に鍛えるのではなく、全身を鍛える）

⑤反復性の法則
（継続し続けることによって、向上する）

⑥自覚性の法則
（どこを、どうやって、どのように動かしているかを意識する）

⑦個別性の法則
（個人の能力によって、メニューは変わる）

⑧漸進性の法則

（常に一定ではなく、徐々に負荷をかける）

言われてみれば、「たしかにそのとおり」と思える考えばかりだろう。プログラムを組むときは、常にこの８つの法則を頭に入れておく。

投手も野手もベースの考えは同じ

プロ野球のように、トレーニングの専門家が常にいる環境であれば、投手と野手のメニューを完全に分けることも可能かもしれないが、高校野球の場合はそうはいかない。指導頻度が多いサポート校であっても、トレーニングを見るのは週1回。指導スタッフの中でも、投手だけを見る専門コーチがいる高校は稀だろう。理想は、投手と野手を分けたほうがいいが、現場としてはなかなか難しいのが現状だ。

その一方で、私自身は、「野球選手としてのベースは同じ。やることは変わらない」という考えがあり、投手も野手も8割方同じメニューで構わないと思っている。走ること、股関節周りや肩甲骨周り、体幹周りの柔軟性を養うこと、体幹を強化することは、アスリートとして必須のことだ。

ここに投手としての技術を加えるとしたら、片足から片足への体重移動（最大並進運動）、回旋運動からの捻転運動、指先の強化などが入ってくる。1年生の夏あたりから、投手だけを集めて、こうした動きの説明をしていく。大きな基本となるのは横向きの体重移動で、1年生のうちは軽い負荷で動きを覚え、2年生になってから重さを加えて、負荷を高めるプログラムに変えていく。ウエイトトレーニングにも言えることだが、いきなり高負荷でトレーニングすることはおすすめできない。

定点か移動か——柔軟に考える

高校野球で、室内練習場を持っている学校は限られているだろう。雨が降ったときに、学校の廊下でトレーニングせざるをえないときもあると思う。

私は、甲子園優勝を狙う私学から、県大会ベスト16を目指す公立まで、さまざまな環境の学校をサポートしている。そのため、「これができないなら、代わりにこれをやろう」と、現場の状況を見ながら、常に臨機応変にメニューを組むように心がけている。

ひとつの例を挙げると、「定点」か「移動」か、という問題がある。「定点」とはその場でできることで、「移動」は文字通り、動かなければできないことだ。瞬発系のダッシュを予定していたが、急な雨でグラウンドが使えなくなったときは、縄跳びの二重跳びでスピード系の筋力を鍛え、縄をヘビーロープにすれば、体幹強化にもつながっていく。

手押し車にしても、本当は坂道があるところを使いたいが、雨が降った場合はそれが難しい。そんなときはタイヤを用意して、手押し車の体勢でタイヤを上り下りしたり、ぐるりと一周回ったりすれば、体幹に負荷をかけることができる。「移動」ができなければ、「定点」で同じようなトレーニング効果を得られるメニューを考える。

こうした考えがあれば、夏場に太陽の下でやるには体力が消耗しそうなとき、日陰を見つけて、「定点」のメニューに切り替えることもできる。常に、柔軟に対応できる引き出しを持っておくことが必要になる。

これらの前提条件を理解してもらったうえで、学年ごとに体得してほしい能力や動きを紹介したい。

1年生は柔軟性・心肺機能・体幹強化の3本柱

［1年生］
- 柔軟性（基本的な大きな筋肉の柔軟性）
- 体幹強化
- 心肺機能の向上
- バランス能力の向上
- ファンクショナルな動きの習得（連動につながる機能的な動き）
- セルフケアの習慣化
- 横方向の動きの習得（投手は並進運動）
- 上半身強化（肘・肩関節）

1年生はシンプルに言えば、柔軟性・心肺機能・体幹強化を中心に鍛えていく。

柔軟性は、第2章で紹介した開脚前屈、伸脚やブリッジに毎日取り組む。たとえメニューに入っていなくても、時間ができれば、自らやる。30秒でもいい。とにかく、習慣化することが重要になる。1年時にその習慣を付けることができれば、2年生、3年生と上がったときに、過剰に意識しなくてもストレッチに取り組めるようになっているはずだ。

心肺機能はよく耳にする言葉だと思うが、これを理解するには、肺の役割を知っておく必要がある。専門的に説明すると、「呼吸によって空気中の酸素を取り入れ、二酸化炭素を外に排出する役割を担う」。心肺機能の向上は、一定時間に体内に取り込む酸素の最大値を上げることで、多くの酸素を供給できれば、回復能力が高まる。必然的に、回復能力が上がれば、練習に継続的に取り組めるようになる。よく、「プロで活躍する選手は練習できる体力がある」と評されるが、身体の強さとともに、優れた心肺機能が備わっているからだ。根性や気持ちだけではどうにもならない場合がある。

心肺機能を高めるもっとも最適な方法は、走ることに尽きる。心肺機能の強化だけでなく、股関節周りの連動性、体幹強化によるバランス能力の向上などにつながり、複合的に身体を鍛えることができる。ただ、20年近く高校生を見ているが、「最近の選手は、汗をかくことを苦手にしている」と感じる。走る量が明らかに少ない。コロナ禍で練習量が減ってから、なおさら感じることだ。

ここ数年、長時間練習の効果が見直され、「効率的」「科学的」なトレーニングに注目が集まっているが、再現性の高い投球フォームを手に入れようと思えば、投げ続ける体力、練習をやり続ける体力が絶対に必要になる。

中学から高校に上がることによって、練習量は明らかに増える。特に、土日だけ活動しているクラブチームでプレーしている選手にとっては、はじめのうちは、高校野球の練習に付いていくことに苦労するだろう。

発達発育の面から見ると、中学生期に心肺機能が高まっていくが、「可逆性の原理」「反復性の法則」のとおり、トレーニングをやめた時点で能力は衰えていく。現役選手であるかぎり、トレーニングを続けていく必要がある。

走りのメニューは大きく分けて3種類

「走る」と一口に言っても、さまざまなメニューが存在する。盗塁も、100メートル走も、マラソンも、いずれも走ることに変わりはないが、野球のパフォーマンスを上げることを考えた場合、メニューは大きく分けて3種類。それぞれの意味と狙いを解説したい。

1. 瞬発系

7秒以内で走り終わるメニュー。走り終えたあとに、「ぜぇぜぇ、はぁはぁ」と息が上がる。塁間走や30メートル走、50メートル走がこれに当たる。

瞬発系を鍛えるため、休憩の取り方が重要となる。疲労が残りすぎた状態で走り込むと、体力を養うトレーニングになってしまうからだ。レストの目安として、「1：12」の考え方を頭に入れておくとメニューが組みやすい。「5秒で走り切れるメニューであれば、60秒間の休みを入れる」という計算式になる。

2．解糖系

400メートル走や、インターバル走など、走っている最中に乳酸が出て、足の動きが重たくなるようなメニュー。「無酸素系のトレーニング」と表現されることもあり、多くの選手がもっとも嫌がるのがこれだ。

レストの考えは「1：3」。1分走ったあとには、3分間の休みを入れる。瞬発系よりも負荷が強くなるため、十分なレストが必要になる。

3．有酸素系

20分間走などの持久走。走りながら酸素を取り入れ、回復力を高めていく。酸素を運ぶ働きを担う毛細血管が増えることにもつながり、全身に酸素が行き届きやすくなる。その結果、疲労物質の除去がスムーズに行われる。プロ野球選手は、登板の翌日に軽いジョギングを入れるケースが多いが、じっと休んでいるよりも、疲労が取れやすい。

心肺への負荷が強いため、レストの基本は「1：1」。20分間走ったあとには、20分間の休みを入れる。

習慣化してほしい「セルフケア」

1年生の早い段階から伝えているのが、セルフケアの重要性である。高校野球の練習は目一杯やり切ったうえで、最後に全体でのランニングと軽い体操で終わることが多い。コロナ禍の影響で、練習時間が減っている学校も多く、クールダウンにまで時間がかけられないのが現状だと言える。指導者の立場を考えると、ボールを使った練習にできるかぎり時間を割きたくなるのも十分にわかる。

となれば、練習後のケアは自分自身でやるしかない。自主練習の時間があれば、そこでクールダウンのストレッチを入れておく。下校時間の関係で学校を出る必要があるのなら、自宅に帰ってから、風呂上がりにストレッチをやる。5分でも10分でもいい。開脚前屈や伸脚と同様に、練習後のケアを習慣化してほしい。

ストレッチメニュー

■1 上半身ストレッチ

◉広背筋・肩甲骨を伸ばす

四つん這いの姿勢でできる、複数のストレッチを紹介していく。少しやり方を変えるだけで、さまざまな筋肉を伸ばすことができるので、ぜひ参考にしてほしい。

まずは、広背筋や肩甲骨など身体の背面にフォーカスを当てたメニューから。投手は腕が強く振られることによって、投球後に広背筋や肩周りが硬くなりやすい。そのまま放っておくと、翌日以降のコンディションに影響が出るため、その日のうちにほぐしておきたい。

四つん這いの姿勢から、尻の位置はなるべく変えずに、猫が伸びをするイメージで、両手を前方に伸ばし、頭を伏せる**（次ページ写真❶）**。背中から脇腹が〝グーッ〟と伸びている実感があれば、正しい姿勢が取れている証となる。ここから、尻の位置だけ後方に下げていくと、腰周りの筋肉が伸ばされていく**（次ページ写真❷）**。

再び、四つん這いに戻り、左手を右脇の間に入れ込み、左手をできるだけ遠くへ伸ばしていく（逆手も同様に行う）（**写真❸**）。右手を伸ばした場合は、右側の肩甲骨が外に開くことで、ストレッチ効果が高まる。背中を捻ることで、脇腹や広背筋のストレッチにもつながっていく。

補足として、左右の手にローラーを持って、同じ動きを行うことで、より遠くまで手が伸ばされ、ストレッチが効いてくる（**232ページ写真❹**）。もし、手元にある場合は活用してみてほしい。

最後は、猫のポーズ。四つん這いから、猫が背中を丸めるように、肩甲骨を外に開き、頭

❶

四つん這いの姿勢から、猫が伸びをするイメージで両手を前方に伸ばし、頭を伏せる

❷

尻の位置だけ後方に下げていくと、
腰周りの筋肉が伸ばされていく

❸

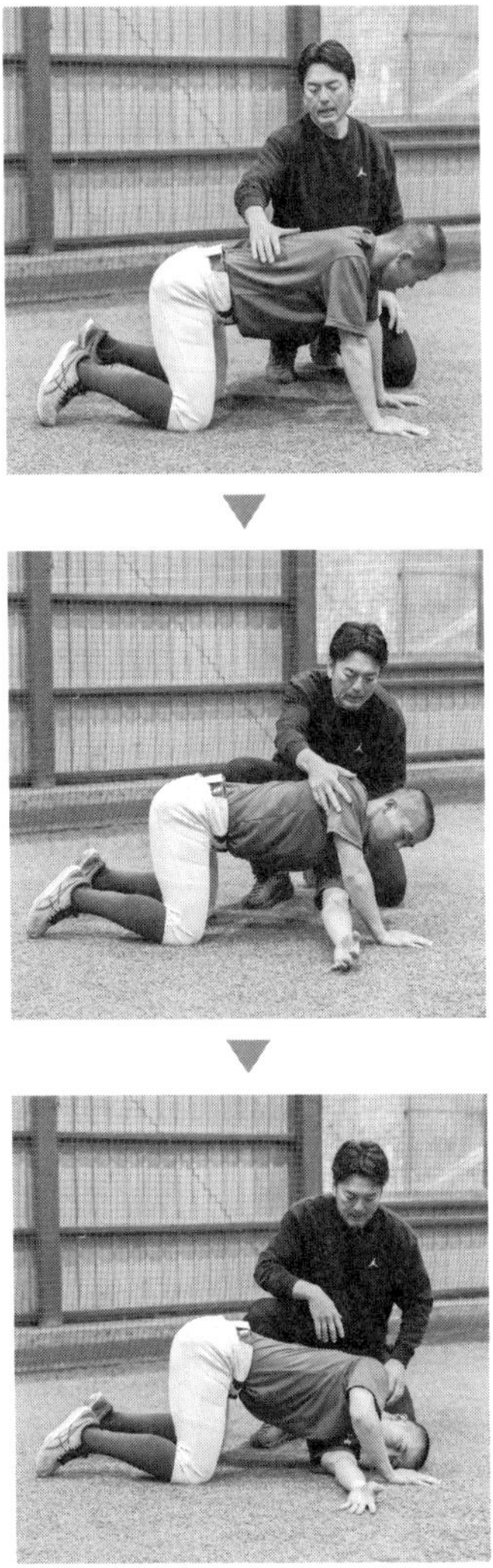

左手を右脇の間に入れ込み、
左手をできるだけ遠くへ伸ばしていく

❹

ローラーを持って同じ動きを行うことで、
より遠くまで手が伸ばされる

❺

猫が背中を丸めるように、
頭を下げて背中でアーチを作る

を下げて背中でアーチを作る。5秒ほどキープしたあと、背中を下げて、左右の肩甲骨を背骨側に寄せる（**写真❺**）。

◉指・手首を伸ばす

投球後に忘れがちなのが、手の指や手首を伸ばすストレッチ。何度も繰り返しているが、最終的にボールを投げるのは手である。球速が上がれば上がるほど、末端にかかる負荷も大きなものになる。

四つん這いから、指先を足のほうに向けて両手のひらを地面に着け、手首と指の関節の間をじんわり伸ばす（**写真❻**）。指先をしっかりと開くことで、関節のひとつひとつが伸ばされる実感を持てるはずだ。尻を踵の方向に下げることによって、ストレッチの効果がより高まっていく（**次ページ写真❼**）。

続いて、両手の甲を地面に着け、指先を足側に向ける（**次ページ写真❽**）。肘をしっかりと伸ばすことで、手首や前腕にストレッチがかかる。

指先を足のほうに向けて両手のひらを地面に着け、
手首と指の関節の間を伸ばす

2 体幹ストレッチ

◉背中や胸郭の柔軟性を引き出す

胸郭や背中を中心とした体幹部のストレッチ。

❼

▼

尻を踵の方向に下げることによって、
ストレッチの効果がより高まる

❽

肘をしっかりと伸ばすことで、
手首や前腕にストレッチがかかる

両足を前後に開き、右足を前、左膝を地面に着けた体勢から、胸の前で両手を合わせ、体幹部を捻る。左肘を右膝の上に乗せることで、捻りをより生み出すことができる（写真❾）。なるべく、上空を見るようにして、背中側を捻っていく。

両足を前後に開き、今度は片手を頭の後ろに乗せて、胸郭を目一杯開く（写真❿）。最低でも、地面と胸のラインが垂直になるまで、胸郭を開いていく。

仰向けに寝た状態から、右足を上げて、左手で足首を持つ。右足を身体の左側に倒し、「右手を左手にかぶせ、右手を外側に開く」を繰り返す（次ページ写真⓫）。右手を開くときは、右肩が地面に着くのが望ましい。胸郭の柔軟性を引き出すことができる。逆も同様に行う。

左肘を右膝の上に乗せることで、捻りをより生み出すことができる

両足を前後に開き、片手を頭の後ろに乗せて、胸郭を目一杯開く

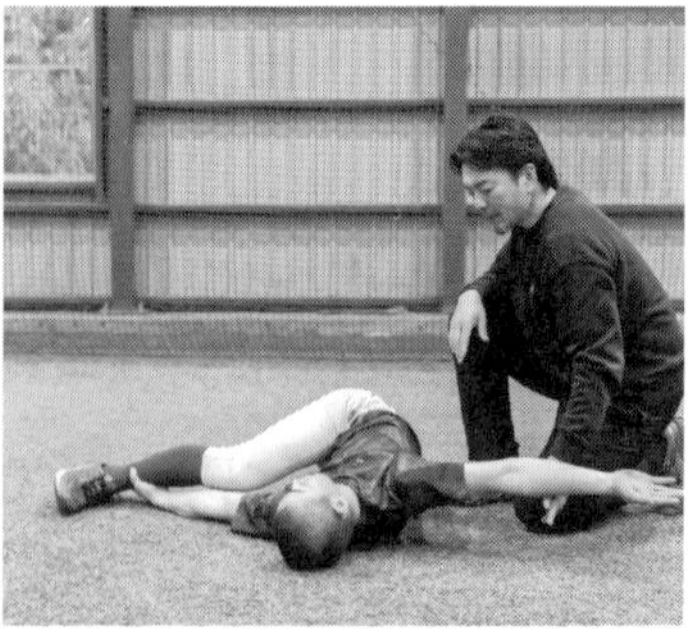

右足を身体の左側に倒し、「右手を左手にかぶせ、右手を外側に開く」を繰り返す

⓫

3 下半身ストレッチ

◉尻周りの筋肉をほぐす

主に、臀部や股関節周辺の筋肉を伸ばすストレッチ。

右足を前、左足を後ろに開き、空いたスペースに両肘を地面に着けて、上体が地面と平行になるぐらい倒す（次ページ写真⓬）。臀部や内転筋が伸ばされるのが実感できるはずだ（すべてのメニューを逆足でも行う）。右手で右足のつまさきを摑み、左肘を地面に着けると、よりストレッチが効くようになる（次ページ写真⓭）。

さらに、右手で右足のつまさきを摑んだ体勢から、右膝を内から外に大きく回していく（次ページ写真⓮）。10回ほど回したら、外から内に回していく。股関節の回旋運動を促すストレッチになる。

続いて、体育座りのように尻を着けた体勢から、右足を左膝の上に置き（クロスさせる）、両手で左膝を抱える（240ページ写真⓯）。左足と胸をできるだけ近付けることで、臀部や右足の横が伸ばされる。多くの球数を投げると、尻の筋肉が張りやすくなるので、投球後にしっかりと伸ばしておきたい。

⑫

両肘を地面に着けて、
上体が地面と平行になるぐらい倒す

⑬

右手で右足のつまさきを掴み、
左肘を地面に着けると、より効果的

右手で右足のつまさきを掴んだ体勢から、
右膝を内から外に大きく回す

14

右足を左膝の上に置き、両手で左膝を抱える

⑯

曲げた右足を両手で押さえたうえで
上体を預け、左足を後ろに伸ばす

変形バージョンとして、90度に曲げた右足を両手で押さえたうえで上体を預け、左足を後ろに伸ばすことでも、臀部やハムストリングスのストレッチができる（**写真⑯**）。

最後に、立位の姿勢から、右足の後ろで左足をクロスさせ、左足を外側に目一杯伸ばす（**写真⑰**）。左の足首や脛、膝の外側を地面に着けることによって、臀部の左側から左太ももの外側を伸ばすことができる（**写真⑱**）。

⑰

右足の後ろで左足をクロスさせ、左足を外側に目一杯伸ばす

⑱

左の足首や脛、膝の外側を地面に着けることで、
臀部の左側から左太ももの外側を伸ばす

2年生はブレーキング動作を体得する

［2年生］

- 基礎的な動きに負荷（重さ）を加える
- 瞬発的な加速
- ブレーキング動作
- 軸足の強化
- 解糖系運動能力（インターバル系のメニュー）
- 横方向への爆発的な動き
- 上半身の強化（肘・肩関節／1年時からさらに加重）
- 柔軟性（投手として必要な体幹部分の柔軟性）
- 捻転運動（投手に必要な捻り）

1年生で基礎的な土台を作り、2年生になってからは負荷を加えて、爆発的な力を出せるトレーニングを積み重ねる。そのカギとなるのが、第2章でも紹介したブレーキング動作だ。

踏み出した足がピタッと止まり、支点ができるからこそ、下半身で生み出したエネルギーを体幹から上半身に伝えることができる。

走りのトレーニングの中でも、ただ真っすぐ走るだけでなく、ストップからの切り返しを重点的に入れて、ブレーキングを身体に覚え込ませていく。感覚的には、足で踏ん張るのではなく、地面を踏み込む。しっかりと踏めるようになれば、地面からの反力を得ることができる。

さらに、投球につながる体幹部分の柔軟性を養い、捻転運動を獲得していく。1年生のときよりも、投手としての専門性に焦点を当てていく。

1年生は自己の成長、2年生以降は絶対的な力

ウエイトトレーニングを例に取るとわかりやすいが、1年生と2年生では「成長」に関する評価の尺度を変えている。

1年生が目指すのは、自己記録の更新であり、過去の記録に比べて、数字がどれほど伸びたか。体重60キロと100キロの選手であれば、ベンチプレスやスクワットで挙げられる重量は当然変わってくるため、記録だけで評価してしまうと、体重が軽い選手のモチベーショ

ンが落ちてしまう。だからこそ、伸び率や成長率にフォーカスを当てる。走力や柔軟性にしても同じことが言え、昨日の自分を超えていくことを目指す。

これが、2年生や3年生になると、自己の成長だけでは足りなくなってくる。なぜなら、「メンバー争いに勝ち、試合で活躍する立場」になるからだ。周りのチームメイトに勝たなければ、スタメンの座は勝ち取れない。

投手の場合、球速がすべてではないが、ストレートの球速が120キロから135キロに伸びたとしても、入学当初からアベレージで140キロを投げる投手がいたら、エースの座を勝ち取るのは難しい。

上級生によく言っているのは、「野球は無差別級のスポーツ。体重別で評価されることはないからね」（特に、野手に当てはまる話だが）。食事とトレーニングで体重を増やし、筋量を上げることは絶対条件となる。

3年生は「調整力」を身に付ける

［3年生］

- 過去2年で学んだ理解度をさらに高める

・試合で力を発揮するための調整力

最終学年で求められることは、試合での結果である。練習で培ってきたことを、本番で出せるかどうか。「ブルペンエース」と、嬉しくない言葉をもらう投手もいるが、大事な公式戦で持っている力を発揮できてこそ、本当の実力と言える。

高校生は、プロ野球の先発のように中5日～中7日が少なく、当たり前のように連投がある。今でこそ、高野連が3連戦を回避する日程を組むようになったが、数年前までは3連戦3連投も何ら珍しいことではなかった。

コンディションを整えるうえで、まず伝えたいのは休養の大切さである。連戦が続くときこそ、練習を早めに終えて（このあたりは指導者へのお願いになるが）、食事をしっかりと取り、風呂にゆっくりと浸かり、ストレッチをして、布団に入る。人間は食べることと寝ることでしか、疲労を回復させることができない。高校生ぐらいの若さであれば、どれだけ疲れていても、ぐっすり寝ることができれば、翌日には疲れが取れているものだ。大人になるとそうはいかないのだが……。

ただし、寝る前にスマホをいじる高校生が圧倒的に多いが、暗いところで強い光を見ると、脳が活性化し、眠りがどうしても浅くなる。夏の大事な試合前夜にやるべきことは、スマホの操作ではなく、深く眠れる環境を自ら作ること。睡眠の重要性に気づけるようになれば、アスリートとして一歩前に進んだと言ってもいいだろう。

休養にはもうひとつ、「アクティブレスト」という考え方がある。シーズンを通して、週1回の休みを設けている高校が多いと思うが、この日に何をするか。まったく身体を動かさずに自宅や寮に帰るか、ミーティングをするか、グラウンド周りの環境整備をするか、あるいはジョギングやストレッチをやるか。各高校によって、さまざまなやり方があると思う。

私がおすすめするのは、「動きながら休む」だ。軽いジョギングとストレッチで汗をかくことで、血液の循環がよくなり、体内の老廃物を外に排出できる。何もしないよりも、軽く運動をしたほうが、結果的に動けるようになる。車でたとえるならば、「アイドリング」だ。エンジンを完全にOFFにするのではなく、エンジンをONの状態にしておく。20〜30分でもいいので、「アグティブレスト」の習慣を付けてほしい。

中5日の過ごし方を考える

秋や春の大会になると、日曜日に登板したあと、中5日で翌週の土曜日に投げる機会がある。練習試合でもこの登板間隔がもっとも多いと思うので、中5日の過ごし方の一例を紹介したい。

・月曜日＝オフ（アクティブレスト）
・火曜日＝ロング走
・水曜日＝中間走
・木曜日＝短距離走
・金曜日＝調整日

基本的な考えとしては、「アクティブレスト」で休んだあとに、長距離で身体を起こし、中距離、短距離と、スピード系のトレーニングを入れていくことで、高い出力に耐えられる準備をしていく。

ロング走は心拍数140〜150を保った状態で、20分間ほどリズムよく走る。すでに紹介したとおり、汗をかいて老廃物を外に出す狙いがあり、新陳代謝を促す。老廃物が溜まったままでは、筋肉がむくみ、身体の連動性を邪魔してしまうことになる。

中距離はライトからレフトのポールを往復し、身体に少しずつ負荷をかけていく。球場の形状によっても距離が微妙に変わってくるが、おおよそ28秒設定で行うことが多い。

短距離は股関節の回転速度を上げ、身体にキレを出す狙いがある。30メートルや50メートルのダッシュを繰り返す。そのほか、ボックスジャンプや縄跳びでも、瞬発系の動きをカバーすることができる。

付け加えると、シーズン中であっても、週に1〜2回はウエイトトレーニングを入れる。登板前日では投球に影響することがあるので、火曜日や水曜日がベターだろう。筋出力を高めるのではなく、出力の維持やフォームのバランスを整えることが狙いとなる。換算MAXの60パーセントほどの重さで構わないので、しっかりと呼吸を入れて、BIG3を中心に取り組む。

ボールはいつ投げればいいのか。正解はなく、投げたがりの投手はオフの日以外、毎日投げている。プロ野球の場合は、登板前々日、あるいは前日にブルペンに入る投手が多く、球団や個人によって考え方が違うようだ。高校生の場合、雨天順延で試合がずれることもあり、あまりにきっちり考えすぎてしまうと、柔軟な対応ができなくなる恐れもあり、ルーティンを決めすぎないほうがいいかもしれない。

ブルペンは20分以内を目安に

最後に、ブルペンでの注意点についても触れておきたい。

私自身は、「ブルペンはフォームを作るための場所」と捉えている。打者との戦いがない分、自分のフォームと向き合うことができる。

投球フォームの土台となるのが「最大並進運動＋回旋運動」であることは、これまで何度も繰り返してきたが、よくある落とし穴が、ひとつひとつの動きを気にしすぎて、全体の動きにスムーズさがなくなることである。わかりやすく言えば、ロボットのような硬い動きで、滑らかさがない。「木を見て、森を見ず」ではないが、細かい動きに意識が向きすぎてしまうのだ。

ブルペンで摑んでほしいのは、投球のリズムである。一流投手になればなるほど、リズム感がいい。擬音で表現するのなら、「パッと足を上げて、グーッと並進運動をして、ビュンッと投げる！」という感じだ。じつはこうした音の感覚は非常に重要で、身体の動きに音を付け加えてみることで、一定のリズム感で投げやすくなる。ゴルフの世界では昔からスイングを表現するリズムに、「チャー、シュー、メン」があるように……、投手であれば、「イチ、ニー、サン！」がもっともシンプルだろうか。自分の感覚に合ったリズム感を見つけてほしいと思う。

このリズム感を得るにも、1球1球の間合いを長くしないことが重要になる。ブルペンでの目安は、1分間に6～7球。120球投げるのであれば、約20分で終わらせる。間合いが長くなりすぎると、テンポが悪くなり、リズム感が生まれてこない。ブルペンキャッチャーの気持ちを考えても、あまりに間合いが長いと集中力が落ちていく。

1分間に6～7球投げようとすると、上半身の力に頼った投げ方では投げ続けられないこともわかってくる。すぐにへばってしまうのは間違いない。下からの連動を意識して、常時8割ほどの力でキレのいいボールを投げ込んでいく。

投げる力は投げ込むことで身に付く

投球数制限が導入されて以降、ブルペンでの球数を減らす高校が増えてきている。30球から50球程度に抑え、なるべく球数を投げないようにして、肩や肘にかかる負担を軽減する。これ自体、非常に大事な考え方であるのだが、一方で、「ボールを投げる感覚も、投げる体力も、ボールを投げなければ身に付かない」と私自身は思っている。特にこれからいくらでも成長していく高校生は、投げ込むことで身に付く感覚が絶対にある。

たとえば、肩のインナーマッスルの筋肉は非常に繊細で、一方向だけの動きで鍛えるのは難しい。ボールを投げることでしか刺激を加えられない筋肉もあるのだ。

障害予防のために球数を抑えることも必要だが、球数を減らしすぎると、投手としての成長を自ら止めることにもなりかねない。投げすぎとのバランスはたしかに難しい。だからこそ、リズムを意識して、8割の力で投げ続けられるようになれば、肩肘にそこまで大きな負担はかからないのではないか。

実際の試合でも、いつも全力で投げている投手は、短いイニングしか持たない。一流投手はギアチェンジがうまく、ピッチングに強弱がある。この感覚を、ブルペンの段階から体得してほしい。

おわりに

高校3年間――880日が始まる最初の段階で、新入生に必ず伝える言葉がある。
「心も身体も考え方も、一日でも早く大人になろう。大人になったものが勝つから」
私がずっと大事にしている考えが、「自立・自律・時律」の3つのジリツだ。自分のことは自分でやり、楽な方向にいきがちな心を厳しく律し、1日24時間を自己の成長のために使っていく。この3つの重要性に気付き、行動に移した人間から、大人に近付いていくことができる。

投手とは、孤独なポジションである。小高いマウンドでひとり、自らの力を信じて、打者に立ち向かう。周りの仲間がどれだけ声をかけてくれても、「この球で勝負する。打てるものなら打ってみろ！」と覚悟を決めて、腕を振るのは自分のみ。マウンドに上がるまでの取り組みに少しでも不安があれば、覚悟を決めることはできないだろう。

ここまで、140キロを投げるためのさまざまな身体の使い方を解説してきたが、最後に必要なピースとなるのがメンタル面である。人間がプレーする以上、人の心がパフォーマンスに影響を及ぼすのは間違いない。ダッシュのラスト1本や、ウエイトトレーニングのラスト1セットなど、体力的にも精神的にも苦しくなるところで、最後までやり切ることができているか。早く終わらせたいがために、詰めが甘くなってはいないか。逃げたくなりそうな弱い心に、真摯に向き合える投手こそ、勝負所で力を発揮できるものだ。

投手には、いい意味での「プライド」を持ってほしいとも思う。特に、「エース」と呼ばれる存在であれば、「おれが、このチームを勝たせる！」「全試合、おれが投げ抜く。ほかの投手にマウンドは譲りたくない！」といった強い気持ちが必要である。マウンドさばきや絶対的な存在感から溢れ出るオーラがほしい。投手が不安げなふるまいを見せれば、それは周りの選手にも間違いなく伝わっていく。〝はったり〟でも〝強がり〟でも構わないので、マウンドに立った以上は堂々としたふるまいを見せてほしい。

最後に、高校生よりも長く人生を過ごしている私からアドバイスを。

指導者からも同じことを言われていると思うが、「感謝」の本当の意味を考えてほしい。家族に支えられて、不自由なく高校野球ができていることを忘れてはいけない。最近の高校生は言葉では立派なことを言えるが、実際に行動が伴っているかとなると、疑問符が浮かぶ。大事なことは、「言葉」ではなく「行動」で感謝を伝えることである。大好きな野球を一生懸命に頑張るのは当たり前のこと。８８０日もあれば、嫌な日も辛い日も、練習を休みたい日もあるだろう。でもそんなときこそ、支えてくれている家族のことを思い浮かべてほしい。戦っているのは、自分ひとりではない。

一生懸命、野球をやっているからには勝ちたい。家族は、頑張っているわが子の姿を見るのも嬉しいが、仲間とともに目標を叶える姿を見るのはもっと嬉しいものである。「投手は試合の8割を支配する」という言葉があるように、投手が努力を怠ってしまえば、勝利の確率がおのずと減っていくことになる。

家族に買ってもらった道具を大切に使うことも、感謝の気持ちを表す行動になる。グラブやスパイクの手入れをしているだろうか。アップシューズの踵を踏みつけて履いている選手を時折見かけるが、家族に失礼であり、アスリートとしても失格だ。

本章で、軸足の重要性を繰り返し解説してきたが、人間の身体で唯一、地球に接している部位が足の裏である。さらに言えば、身体を支えているのは踵であり、その踵を支えているのが、「靴」である。

だからこそ、「高い靴を買った方がいい」という気持ちはまったくない。いくら高価なものを買ったところで、履き方が悪ければ、宝の持ち腐れになる。型落ちのセール品で構わないので、「踵の部分が硬いかどうか」「靴の前側が曲がるかどうか」という2点を頭に入れて、購入してほしい。脱着時は、靴の踵を守る意味から、「紐を解く・結ぶ」の習慣を身に付けてほしい。靴の踵を踏んで歩くことなど、言語道断である。踵が潰れてしまえば、足裏で地面に力を伝えることができなくなってしまう。

「靴に興味が持てない人間は、自分の身体にも興味が持てない」と、私自身は捉えている。トレーニングコーチの立場からすると、「投手＝トレーニングの専門家であってほしい」という願いがある。打者は道具（バット）を使って、投手が投げるボールのエネルギーをうまく利用して、打球を飛ばすことができるが、投手はそうはいかない。自分の身ひとつで、約145グラムの小さなボールにエネルギーと方向性を与え、打者を打ち取っていかなければいけない。頼れるのは、自らの身体しかないのだ。

でもだからこそ、「速いボールを投げたい」「もっといい投手になりたい」という気持ちがあるかぎり、投手の成長が止まることはない。これほどまでに、やりがいのあるポジションはないだろう。

1日24時間×880日。

誰にでも同じように与えられた時間を、どう生かすかは自分次第だ。

本書で紹介した内容が、ひとりでも多くの投手の未来を切り拓くことにつながれば、著者としてこれ以上嬉しいことはない。最後までお付き合い、ありがとうございました。

2023年5月

塚原謙太郎

880日で作る
140キロ投手育成論

2023年6月30日　初版第一刷発行

著　　者／塚原謙太郎

発 行 人／後藤明信

発 行 所／株式会社竹書房
〒102-0075 東京都千代田区三番町8-1
三番町東急ビル6F
email：info@takeshobo.co.jp
URL　http://www.takeshobo.co.jp

印 刷 所／共同印刷株式会社

カバー・本文デザイン／轡田昭彦＋坪井朋子
カバー写真／武山智史
本文写真／小堀将生
協　　力／健大高崎野球部（羽太獅恩・松永一輝）
特別協力／西亮介（東前橋整形外科病院・理学療法士）
動画編集／加藤威史
編集・構成／大利実

編 集 人／鈴木誠

Printed in JAPAN 2023